인공지능과 새로운 개인주의

인공지능총서

인공지능 시대입니다. 기계가 인간의 인지를 대신하고, 사물이 인간을 통하지 않고 다른 사물과 직접 커뮤니케이션합니다. 이에 따른 인간 삶과 문명 변화를 정확히 이해·예측·대응하는 것은 이 시대 우리 모두의 과제입니다. 인공지능총서는 인공지능 기술과 환경의 여러 주제를 10가지 키워드로 정리합니다. 관련 개념과 이론, 학계와 산업계의 쟁점, 우리 일상의 변화를 다룹니다. 인간과 기술의 현재, 미래를 세심히 분석합니다.

일러두기

- 인명, 작품명, 저서명, 개념어 등은 한글과 함께 괄호 안에 해당 국가의 원어를 병기했습니다.
- 외래어 표기는 현행 어문규정의 외래어표기법을 따랐습니다.
- 개인주의와 대중에 관한 내용은 백기완 선생 3주기 추모 토론회에서 발표한 논문 "포스트 시대 대중의 변화와 진보 정당"(2023.2.23)의 일부를 개작한 것입니다.

인공지능과 새로운 개인주의

정병기

대한민국, 서울, 커뮤니케이션북스, 2025

인공지능과 새로운 개인주의

지은이 정병기
펴낸이 박영률

초판 1쇄 펴낸날 2025년 3월 4일

커뮤니케이션북스(주)
출판 등록 2007년 8월 17일 제313-2007-000166호
02880 서울시 성북구 성북로 5-11
전화(02) 7474 001, 팩스(02) 736 5047
commbooks@commbooks.com
www.commbooks.com

ISBN 979-11-7307-647-3 03500

책값은 뒤표지에 표시되어 있습니다.

차례

인공지능 시대의 민주주의와 개인주의 vi

01 민주주의와 개인주의 1

02 개인주의의 변화 11

03 대중의 변화 21

04 '포스트' 시대의 개인, 대중과 민주주의 31

05 인공지능 시대와 휴머니즘 39

06 인공지능 사회의 개인과 분인 47

07 인공지능 사회의 분인과 대중 57

08 인공지능 시대 새로운 개인주의로서 각인주의 67

09 인공지능 시대의 자유와 평등 및 공정과 정의 77

10 포스트휴먼 시대 대중 사회의 미래 87

인공지능 시대의 민주주의와 개인주의

커즈와일(Kurzweil, 2005)이 말한 '특이점(singularity)'은 이미 도래한 것이라고 해도 과언이 아니다. 컴퓨터 발명으로 인해 기계는 적어도 연산 능력에서 인간을 능가한다. 최근 챗GPT(ChatGPT) 등 자연어 처리 인공지능이 개발되면서 보편적 능력을 가진 인조인간의 등장이 멀지 않음을 예고했다.

보편적 인조인간의 등장은 사회가 더 이상 인간만의 공동체도 아니며 인간과 동물만의 공동체도 아님을 의미한다. 아직 인격이라는 측면에서 인간과 최대한 유사한 인조인간이 생겨나지 않아 섣부른 판단일 수 있지만, 인간과 동물뿐 아니라 기술(인조인간 혹은 인공지능)까지도 공동체의 주체에 포함해야 한다는 논의는 이미 활발하게 전개되고 있다.

인간과 인간의 관계를 탐구하는 사회 과학에서 볼 때, 사회에 참여하는 인간의 기본 단위는 개인이다. 그리고 개인으로 이루어진 사회라는 공동체는 개인(인간)의 행복을 추구하며, 현대 사회의 질서는 민주주의로 대표된다. 개인을 가치의 기본으로 삼는 이념을 개인주의라고 할 때, 개인과 개인주의는 사회가 발전하면서 끊임없이 변해 왔으며, 그 공동체의 질서인 민주주의도 위기와 도전에 직면하면서 지속적으로 발전해 왔다.

이 책은 인공지능 시대의 개인과 개인주의 및 민주주의가 어떻게 변화하고 어떤 의미와 성격을 갖는지를 파악하고자 한다. 서문에서는 인공지능의 발달사와 개인주의의 개념과 역사를 간략히 살펴본다. 민주주의에 대해서는 개인주의와 관련해 제1장에서 상세히 살펴보므로 문제를 제기하는 정도에서 그친다.

인공지능의 발달

2017년 사우디아라비아에서는 소피아(Sophia)라는 이름의 인공지능 로봇에 시민권을 부여했다. 소피아는 그해 10월 '미래의 기술 변화'를 주제로 열린 유엔 경제사회이사회(United Nations Economic and Social Council, ECOSOC) 정기 이사회에 참석해 발언했고(이준서, 2017), 2018년 1월에는 한국을 방문해 한복을 입고 '로봇의 권리'를 주제로 연설했다(연합뉴스TV, 2018).

소피아는 60여 가지 감정을 표정으로 나타내며 대화가 가능하지만, 아직 '불쾌한 골짜기(uncanny valley)'를 넘어서지는 못했다. 일본의 로봇 공학자 모리 마사히로(森政弘) 도쿄공업대학 명예 교수가 1970년에 발표한 가설인 '불쾌한 골짜기'는 로봇이나 컴퓨터 생성 인물이 사람의 모습과 흡사해질수록 증가하던 호감도가 강한 거부감으로 바뀌는 순간이나 현상을 말한다. 이 거부감은 결국 인간으로 생각했던 대상이 인간이 아닌 로봇임을 깨닫는 순간에 생겨난다. 그런데 '언캐니(uncanny)'는 불쾌한 감정만을 의미하지 않는다. 불안하거나 으스스하다는 의미도 가지고 있다. 이 느낌은 인공지능이 인간을 넘어설 때 인간을 위협하는 무시무시한 존재가 될 수 있다는 불안과 두려움으로 연결된다.

인간이 원하는 것은 인간의 외형과 감성을 닮기만 한 기계가 아니다. 인간의 능력을 넘어서는 기계인 초능력 인조인간도 원한다. 여기에서 기대와 두려움이 동시에 발생한다. 인간이 인조인간에게 기대하는 능력은 세 가지다. 감성적 능력, 인지적 능력과 물리적 능력이다. 감성적 능력은 최대한 인간과 유사하길 바라지만, 인지적 능력과 물리적 능력은 인간을 능가하기를 원한다. 인공지능은 대개 인지적 능력과 물리적 능력을 의미한다.

인조인간이 인간의 형상을 하고 있다면, 인공지능은 형상과는 무관하다. '불쾌한 골짜기'는 이 두 가지가 결합한 존재를 대상으로 한다. 인공지능이 인간의 형상을 할 때만 '언캐니'한 것은 아니다. 스마트폰 등장 이전에도 우리는 이미 전기밥솥과 청소기 등 인공지능과 더불어 생활한 지 오래되었다. 이러한 약한 인공지능을 넘어 인간의 능력과 유사하거나 인간의 능력을 넘어서는 강한 인공지능도 굳이 인간의 형상을 할 필요가 없다. 눈에 보이는 형상은 쓸모에 따라 정해질 뿐이다. 여러 SF 영화에서 묘사했듯이 인간을 파멸시킬 수 있는 강력한 인공지능조차 컴퓨터의 모습을 하고 있거나 심지어는 그 모습이 눈에 보이지 않기도 한다.

인조인간의 발달과 인공지능의 발전이 동일한 경로를 밟지는 않았다. 인공지능형 인조인간의 발달은 파이보그(fyborg), 사이보그(cyborg), 휴머노이드(humanoid), 안드로이드(android), 휴매드(humad)의 단계를 거쳐 왔고 거칠 것으로 얘기된다. 이 중 단어가 가장 먼저 만들어진 것은 사이보그다. 사이보그(cyborg)는 cybernetics와 organism의 합성어로 1960년 맨프레드 클라인즈(Manfred Clynes)와 네이선 클라인(Nathan Kline)의 "사이보그와 우주(Cyborgs and Space)"에서 처음 사용(이혜영 외, 2018)된 개념으로 인공 심장 등 기계로 만든 생체 기관을 이식한 인간을 말한다. 이와 달리 기술적으로 가장 먼저 출현한 파이보그(fyborg)는 트랜스 휴머니스트 알렉산더 치슬렌코(Alexander Chislenko)가 SF 소설의 사이보그와 구별하기 위해 개발(1990년대로 추정)한 단어로서 콘택트렌즈, 보청기, 핸드폰 등을 이용해 인간의 고유 기능을 확장하거나 보충한 기능적 사이보그(functional cyborg)를 의미한다(*Academic Dictionaries and Encyclopedias*, 2024).

사이보그와 파이보그가 인간 신체에 기능적 보철물을 추가하는 것이라면, 휴머노이드, 안드로이드, 휴대드는 인간 신체를 대체하는 기계를 의미한다. 휴머노이드(humanoid)는 사람을 뜻하는 'human'이란 단어에 '~와(과) 같은 것'이란 의미의 접사 'oid'를 합성한 단어다. 말 그대로 휴머노이드는 사람과 비슷한 형상을 하고 두 발로 걷는 로봇(robot)을 지칭한다. 로봇은 체코 작가 카렐 차페크(Karel Čapek)가 1920년에 쓴 〈R. U. R.〉(체코어 원문 Rossumovi Univerzální Roboti의 약자. 영어로는 Rossum's Universal Robots)이라는 연극 작품에서 유래했는데, 인공지능형으로 발전해 인간에게 반기를 들고 결국 인류를 파멸시킨다(Nida-Rümelin & Weidenfeld, 2020). 휴머노이드를 로봇과 같은 뜻으로 쓸 때는 안드로이드와 휴매드까지 포괄적으로 지칭하는 용어가 된다. 그러나 좁은 의미로 쓸 때는 안드로이드보다 낮은 단계의 로봇인 산업형 혹은 기능형 로봇을 의미한다. 혼다 로보틱스(Honda Robotics)가 개발한 세계 최초의 이족보행 로봇 아시모(ASIMO)가 대표적 예다(박평종 외, 2024). 아시모는 사람처럼 걷고 뛰며, 마주 오는 사람의 진로를 예측해 방향을 전환하는 등 사람과 비슷한 행동을 구현하는 것이 가능하다. 하지만 기능형 로봇으로서 일정하게 프로그램된 기능에 한정해 작동하는 단계에 머문다.

반면 안드로이드(android)는 거의 인간과 똑같은 모습을 하고 인간과 닮은 행동을 하는 로봇이나 그러한 지적(知的) 생명체를 의미한다. 용어상으로는 역시 인간을 의미하는 andr(andro)에 접사 oid를 붙여 만든 단어로서 인간과 가장 유사한 신체적 · 지적 성격을 보유한 기계 혹은 생명체를 뜻한다. 앞에서 예를 든 소피아가 대표적 예에 해당한다. 여기서 더 발전한 로봇이 휴매드다. 휴매드는 아직 널리 쓰이는 단어는 아니지만, 인간을 능가하는 인조인간을 포괄한다는 점에서 의미가 있다.

인조인간의 발전이 인공지능의 발달과 맞물리는 유형은 휴머노이드다. 좁은 의미의 휴머노이드에 인공지능을 장착하면 안드로이드 단계로 접어들어 인공지능형

휴머노이드가 되기 때문이다. 하지만 앞서 얘기했듯이 인공지능은 반드시 인간의 모습을 한 로봇에만 장착하는 것이 아니며, 그 발전 과정도 로봇과 별개로 시작되었다.

인공지능(AI)에 대한 정의는 통일되어 있지 않다. 방대한 AI 교과서를 집필한 러셀과 노빅(Russell & Norvig, 2021)은 인공지능을 정확히 규정하지 않으면서도 '지능을 이해하는 것뿐 아니라 지능적인 기계, 곧 다양하고 새로운 환경에서 효과적이고 안전하게 행동하는 방법을 계산해 낼 수 있는 기계를 구축하는 문제까지 고려하는 연구 분야'로 정의하는 듯하다. 하지만 인공지능은 대개 "기계로 하여금 지능적 행동을 하게 하는 기술"이라 할 수 있다(안병훈 · 김영배, 2020). 이때 지능적 행동은 인간의 지능 행위를 의미한다. 이러한 방향으로 인공지능을 정의하는 데 최초로 기여한 사람은 앨런 튜링(Alan Turing)이다. 그는 1950년 "컴퓨팅 기계와 지능(Computing Machinery and Intelligence)"이라는 논문에서 '기계가 사람처럼 생각할 수 있을까?'라는 질문을 던지고 컴퓨터가 그 과정을 흉내 낼 수 있다고 주장했다(김진형, 2020). 이후 기계의 반응이 사람과 구별할 수 없을 정도로 유사한가를 평가하는 것을 '튜링 테스트'라고 명명하기 시작했다. 튜링은 위의 논문에서 디지털 컴퓨터가 궁극적으로는 사람이 생각하는 과정을 흉내 낼 수 있다고 확신했다.

인공지능의 탄생을 얘기할 때 튜링 외에 또 하나 중요한 계기로 꼽을 수 있는 사건은 1956년 미국 다트머스(Dartmouth)대학에서 열린 학술회의다. 세계적인 수학자와 과학자들의 브레인스토밍으로 진행된 이 회의에서 존 매카시(John McCarthy)가 제안한 '인공지능(Artificial Intelligence)'이라는 이름을 쓰기로 합의한 것이다(박상용 외, 2024).

하지만 학계를 비롯한 사회 전반의 기대를 모았던 인공지능 기술은 1970년대와 1980년대 후반에 각각 암흑기를 겪어야 했다(박상용 외, 2024). 인공지능 기술의 토대가 되는 컴퓨터와 수학 이론의 발전이 충분하지 못했기 때문이다. 1980년대 초에 신경망 연구가 발전하면서 잠시 회복되는 듯했으나, 컴퓨터 발전의 한계가 또 한 번 장애가 되었다. 결국 인공지능 기술이 다시 활기를 띠기 시작한 것은 인터넷이 개발되고 컴퓨터 하드웨어가 비약적으로 발전한 1990년대 후반이었다. 특히 디지털 사회로의 진입은 방대한 양의 정보를 수집해 사용할 수 있게 함으로써 인공지능의 기계 학습(데이터 내에 존재하는 규칙을 기계가 스스로 찾아내는 학습 기법)에 획기적인 영향을 미쳤다. 2010년대에 접어들어 기계 학습은 심층 학습(deep learning: 인공 신경망을 수많은 계층 형태로 연결함으로써, 신경에 입력된 자극을 복잡한 처리 과정을 거쳐 신호로 전달하는 학습 기법)으로 진화해 오늘날 인공지능의 형태를 갖추기 시작했다.

인공지능은 약인공지능과 강인공지능으로 나뉜다. 앞에서 잠시 언급한 약한 인공지능과 강한 인공지능이 그것이다. 약인공지능은 인간 두뇌의 일부 기능을 모방해 특정 목적과 용도에 제한된 기능을 수행하는 지능을 말하며, 강인공지능은 인간 두뇌를 대체할 수 있을 정도로 다목적 과제 수행이 가능한 범용 지능을 말한다(조영임, 2020). 강인공지능은 사람과 동일한 수준의 지능을 갖춘 것으로 얘기되지만, 사람의 지능을 능가하는 경우도 포함한다. 현재까지 개발된 인공지능은 비약적인 발전에도 불구하고 강인공지능에까지 이르지는 못했다.

최근 주목받고 있는 GPT도 심층 학습과 방대한 사전(事前) 학습 모델에 기반한 자연어 처리 기술의 하나다(박상용 외, 2024). GPT(generative pre-trained transformer)라는 명칭에서 나타나듯이 GPT는 자연어에 대한 생성적 기능을 수행하는데, 사용자가 원하는 수준까지 계속해서 단어를 예측해 만들어 내어 문장을 형성할 수 있다. 물론 문제를 이해해 새로운 창작을 하는 것이 아니라 무수히 많은 문장을 미리 학습하고 패턴을 분석함에 따라 가장 적합한 단어나 문장을 생성하는 것이다. 그럼에도 자연스럽게 대화에 임하는 것으로 느껴진다.

'불쾌한 골짜기'에도 불구하고 인공지능 기술은 지속적으로 발전할 것이다. 게다가 '양자 컴퓨팅' 기술이 도입되면 인공지능의 능력은 상상 이상으로 발전될 것으로 예상된다(박상용 외, 2024). 현재의 반도체 기술은 하나의 비트에 0 또는 1 중 하나의 값만 저장할 수 있지만, 양자 컴퓨팅 기술은 양자 역학 기반의 큐비트를 사용해 0과 1을 중첩 저장할 수 있을 뿐 아니라, 더 많은 값을 동시에 처리할 수 있기 때문이다. 구글에 따르면, 양자 큐비트를 사용하면 현행 기술로 1만 년 걸리는 연산을 200초 만에 해낼 수 있다.

강인공지능의 시대는 포스트휴머니즘의 시대로 얘기된다. 포스트휴머니스트는 사이보그, 휴머노이드, 안드로이드를 넘어 휴매드로 발전해 인간의 한계를 초월한 신인류가 등장할 것이라고 주장하기도 한다. 하지만 비판적 포스트휴머니즘은 이 시대를 인간과 동물 및 기술적 존재가 공존하며 상호 주체적으로 조화를 이루는 시기로 보기도 한다. 특히 후자에 대해서는 페르란도(Ferrando, 2021)가 '철학적 포스트휴머니즘'으로 정리한 바 있다. 이미 우리는 포스트휴머니즘의 문턱에 와 있다고 할 수 있다. 그에 대한 철학적 · 정치적 논의는 이미 시작되었으며, 앞으로 더욱 깊이를 더해 갈 것이다.

인공지능과 개인주의, 민주주의

인공지능은 인류 문명의 이기(利器; 利技)임이 분명하다. 그렇다면 인공지능은 가치 중립적일까? 정치 · 사회 · 경제적 배경과 여건을 걷어 내고 기술만을 두고 판단한다면 그렇다고 할 수 있다. 하지만 인류 문명이 개발한 기술은 문명의 성격과 사회 구조를 반영할 수밖에 없다. 기술의 사용은 특히 그러한데, 기존 질서를 더 공고히 할 수도 있고 파괴할 수도 있다. 그리고 그 파괴는 사회의 구조적 모순을 강화한 결과일 수도 있고 극복해 가는 과도기적 현상일 수도 있다.

현대 사회는 정치적으로 민주주의를 구가하면서 경제적으로는 자본주의가 고도화하는 것을 특징으로 한다. 그런데 자본주의는 자본이 지배하는 체제이므로 자본에 기여하지 않거나 자본으로부터 배제된 사람들에게는 불리할 수밖에 없다. 자본주의와 민주주의는 본질적으로 양립하기 어렵다. 민주주의는 근본적으로 각인(各人)의 자유와 평등을 동시에 보장하는 질서이자 이념이기 때문이다. 이때 각인은 공동체 구성원으로서의 개인을 말하지만, 공동체 가치의 판단이 근거하는 준거이기도 하다. 각인을 개인으로 바꾸어 말하면, 민주주의는 개인주의에 기반한다고 할 수 있다.

개인주의는 역사적으로 수많은 오해와 오용을 겪으면서 발전해 왔다. 특히 자본주의의 상부 구조로 수립된 자유 민주주의는 민주주의를 자본주의적 방식으로 변형하고 구현한 것으로서 평등을 일정하게 희생하고 자유를 최대의 가치로 내세운다. 자유 민주주의의 토대는 맥퍼슨(MacPherson, 2010)이 잘 파악했듯이 사유 재산의 축적을 정당화하는 소유적 개인주의(possessive individualism)다.

사실 개인주의는 학자와 시대에 따라 대단히 다양하게 사용되어 왔다. 소유적 개인주의를 적극적으로 옹호하는 현대 경제학자인 하이에크(Hayek, 2016)도 이를 지적하며 '어떤 정치 용어도 개인주의만큼 더 고통받지는 않았을 것'이라고 했다. 특히 우리나라에서는 개인주의에 대해 공동체를 파괴하는 이기주의로 오해하는 경우가 적지 않다. 하지만 개인주의를 옹호나 비난의 대상으로 보는 것은 우리나라만의 현상이 아니다. 근대적 개인주의의 발상지인 유럽에서도 사회주의자들은 소유적 개인주의를 개인주의의 본질로 보고 비판했으며, 자유주의 진영 내의 공동체주의자들도 개인주의를 이기주의나 원자적 개인주의로 비판해 왔다.

그러나 개인주의 앞의 '소유적' 혹은 '원자적' 등과 같은 수식어를 떼고 본다면, 개인주의 자체는 '가치의 기본을 개인에 두는 이념'으로 이해할 수 있다. 이 개인주의가 다른 이데올로기나 사회적 경향과 결합함으로써 다양한 수식어를 가진 여러 유형으로 변한다. 그러므로 이기주의적 경향은 '이기적 개인주의'일 뿐, 개인주의 자체와 동일한 것이 아니다.

인공지능과 관련해 현대 사회의 정치 사회적 변화를 고찰하는 이 책에서 개인주의와 민주주의의 개념 논쟁과 역사를 상세히 소개할 수는 없다. 본문에서 개인과 개인주의, 대중과 민주주의에 대해 설명하겠지만, 그것도 인공지능과 관련된 내용에 한정할 것이다. 그러므로 서문에서도 인공지능이 개인주의와 민주주의에 미치는 영향 및 대응 방향과 관련되는 범위 안에서 설명한다.

니다-뤼멜린과 바이덴펠트(Nida-Rümelin & Weiden- feld, 2020)는 인류 문명은 세 가지 커다란 파괴적 기술 혁신을 겪었다고 한다. 수렵 채집 문화에서 신석기 시대의 경작과 가축 사육으로 대표되는 정착 농업 문화로 이행한 것이 첫 번째고, 19세기 화석 연료에 기반한 기계 시대로 이행한 것이 두 번째다. 그리고 21세기 디지털 혁명으로 생겨난 인공지능의 사용이 마지막 세 번째라고 한다. 또한 이진경(2004)에 따르면, 18세기 말 산업 혁명이 산출한 기계가 인간의 육체노동을 기계화했다면, 20세기 후반 컴퓨터가 선도한 새로운 기계는 인간의 정신노동을 기계화한다.

인공지능은 고도의 기계 문명을 이룩함으로써 인류에게 큰 혜택을 주기도 한다. 하지만 인간을 초월하는 능력을 가지고 인간의 판단을 대체함으로써 막대한 피해를 입히기도 한다. 인공지능의 영향으로 2023년 5월 미국에서 근로자 4000여 명이 해고당했고, 같은 해 6월에는 미 공군 가상훈련에서 인공지능 드론이 임무 수행에 방해가 된다고 판단해 인간 조종사를 살해할 것을 지시한 사실이 알려지기도 했다(박평종 외, 2024). 그 밖에도 인공지능이 초래할 위험으로 자율 살상 무기(lethal autonomous weapon), 감시와 설득, 편향된 의사 결정, 사이버 보안 및 기타 안정성 문제 등이 제기된다(Russell & Norvig, 2021). 드론의 예와 같이 자율 살상 무기가 규모

가변성(scalability)을 갖추면 대량 살상이 일어날 수 있으며, 인공지능이 의도하지 않더라고 자동차 주행이나 인공지능 의료처럼 생명과 신체에 심각한 위해를 가할 수 있는 오류가 발생할 수 있다. 또한 보석(保釋) 심사나 대출 심사 등에서 인종, 성별 등을 차별하는 결정이 가능하다는 점도 잘 알려져 있으며, 보안 분야나 선거에서 개인을 감시하거나 정보를 조작하는 행위가 일어나고 있을 뿐 아니라, 악성 프로그램 증식도 이미 큰 사회 문제로 대두하고 있다.

인공지능 모델은 더욱 고도화할 것이며, 그에 따라 더 천문학적인 수준의 정보와 연산량을 요구할 것이다. 때문에 거대 자본을 가진 대기업만 전유할 수 있는 기술로 자리 잡을 가능성이 크다. 양자 컴퓨팅 기술이 도입되면 지금의 PC처럼 개인 사용이 가능한 대중화된 고기능 인공지능이 개발될 수 있다. 하지만 막대한 정보와 처리 능력은 여전히 거대 자본이 소유할 것이다. 정보 사회 혹은 디지털 자본주의로 접어들면서 정보 자본은 이미 자본주의 질서의 핵심 생산 수단으로 자리 잡았다. 디지털 자본주의에서 개인으로서의 소비자는 주권자라기보다 정보 자본의 이윤을 창출하는 가시적 · 비가시적 노동자임과 동시에 정보 수집의 대상이기도 하다. 디지털 자본주의가 민주주의에 미치는 정치 경제적 영향이 민주주의가 근거하는 이념인 개인주의에까지 파고드는 지점이 바로 여기다.

인공지능을 통해 디지털 자본주의가 작동할 때 개인은 정보에 따라 분할된다. 개인은 이전처럼 더 이상 쪼갤 수 없는 단일한 주체성을 가진 존재가 아니라는 것이다. 이윤을 창출하려는 자본은 개인으로부터 자신의 필요와 상품에 맞는 정보를 수집해 소비 행위로 유도하며, 그에 따라 소비자 개인은 분할된 정보의 객체이자 구매자로 간주된다. 개인(個人, individuum)이 분인(分人, dividuum: Deleuze, 1992)이라는 분할체로 쪼개지는 것이다. 포스트개인주의(post-individualism) 시대가 도래했다고 할 수 있다.

분인 현상은 물론 디지털 자본주의 초기부터 등장한 현상이다. 하지만 인공지능이 디지털 자본주의를 가속화함으로써 분인 현상도 더욱 심화된다. 개인의 변화와 함께 개인주의도 변할 수밖에 없으며, 민주주의 작동 방식도 그 변화에 맞춰 발전해야 한다. 민주주의가 어떻게 발전해야 할 것인가는 전자 민주주의나 유동(liquid) 민주주의처럼 작동 방식에 한정되지 않는다. 오히려 그 근본이념인 개인주의에 대한 새로운 정립을 통해 민주주의 발전의 방향성을 제시하는 것이 더 중요하다고 할 수 있다. 본문에서는 이러한 내용을 중심으로 서술해 갈 것이다.

참고문헌

김진형(2020). AI란 무엇인가. 소이경제사회연구소 AI연구회(편), 『AI와 사회 변화: 지금 우리는 무엇을 준비해야 하는가』(71-106쪽). MID.

박상용 외(2024). 『인공지능 기술비평학: 인공지능, 기술-사회-사람』. 태학사.

박평종 외(2024). 『인공지능 사회문화학: 사회와 문화 속 인공지능』. 태학사.

안병훈 · 김영배(2020). 프롤로그. 소이경제사회연구소 AI연구회(편), 『AI와 사회 변화: 지금 우리는 무엇을 준비해야 하는가』(6-56쪽). MID.

연합뉴스TV(2018.1.30). [뉴스1번지] 한국 찾은 세계 최초 '로봇 시민권자' 소피아, https://www.yonhapnewstv.co.kr/news/MYH20180130014600038?did=1825m

이준서(2017.12.26). 올해 유엔무대 최고 인기영상 'AI로봇 소피아'. ≪연합뉴스≫, https://www.yna.co.kr/view/AKR20171226004500072?input=1195m

이진경(2004). 『자본을 넘어선 자본』. 그린비.

이혜영 외(2018). 『트랜스휴머니즘과 포스트휴머니즘』. 한국학술정보.

조영임(2020). 인간지능과 인공지능. 이중원(편). 『인공지능과 포스트휴머니즘』(35-61쪽). 이학사.

Academic Dictionaries and Encyclopedias(2024). Fyborg. https://new_words.en-academic.com/1375/fyborg

Deleuze, G.(1990). Post-scriptum sur les sociétés de contrôle. *L'Autre Journal, 1.* Trans. by M. Joughin(1992). Postscript on the societies of control. *October, 59*, pp.3-7.

Ferrando, F.(2019). *Philosophical posthuman.* Bloomsbury. 이지선 옮김(2021). 『철학적 포스트휴머니즘』. 아카넷.

Hayek, F. A.(1996). *Individualism and economic order.* University of Chicago Press. 박상수 옮김(1998). 『개인주의와 경제질서』. 자유기업센터.

Kurzweil, R.(2005). *The singularity is near: When humans transcend biology.* Viking. 김명남 옮김(2007). 『특이점이 온다: 기술이 인간을 초월하는 순간』. 김영사.

MacPherson, C. B.(1962). *The political theory of possessive individualism: Hobbes to Locke.* Clarendon Press. 황경식 · 강유원 옮김(2010). 『홉스와 로크의 사회철학: 소유적 개인주의의 정치 이론』. 박영사.

Nida-Rümelin, J. & Weidenfeld, N.(2018). *Digitaler Humanismus: Eine Ethik für das Zeitalter der künstlichen Intelligenz.* 4th Edition. Piper. 김종수 옮김(2020). 『디지털 휴머니즘: 인공지능 시대의 윤리』. 부산대학교출판문화원.

Russell, S. & Norvig, P.(2020). *Artificial intelligence: A modern approach*, 4th Edition. Pearson Education, Inc.. 류광 옮김(2021). 『인공지능: 현대적 접근방식 1』. 제이펍.

01
민주주의와 개인주의

개인주의는 개인을 자유의 주체임과 동시에 평등의 주체라고 보며, 이러한 개인을 가치의 중심에 두는 이념이다. 이때 '개인'은 자유를 강조하는 소유적 개인주의의 개인이 아니며, 굳이 공동체를 가정할 필요도 없는 '각인'을 의미한다. 그러므로 이러한 개인주의는 '각인주의'라고 할 수 있으며, 민주주의의 토대가 되는 이념이다. 곧, 민주주의는 '각인의 자유와 평등이 동시에 보장되는 질서와 그 이념'이다.

민주주의의 개념과 의미

간혹 어원을 강조하는 논자들은 민주주의(democracy)가 희랍어 demos(인민)와 kratos(지배)에서 비롯되었다는 사실을 들어 이념(ism)이 아니라 통치 체제라고 주장한다. democracy는 '민주주의'가 아니라 왕정이나 귀족정처럼 '민주정'으로 번역해야 옳다는 것이다. 그러나 세계적으로 이론적 논의가 깊어지면서 democracy는 더 이상 통치 체제가 아니라 이념으로 이해되고 있어 democratism이란 개념을 별도로 사용하는 경우가 거의 없다(이하 민주주의에 대해서는 정병기, 2023 참조)[우리나라에서는 잘못 번역된 '민주주의' 개념이 민주화 과정에서 하나의 이념으로 이해됨으로써 굳어졌다고도 하지만(최장집 · 박상훈, 2017), 오히려 그 때문에 역설적으로 올바른 번역어가 되었다고 할 수 있다].

democracy를 통치 체제로 이해하는 입장은 자유 민주주의자의 주장에 반영되어 있다. 자유 민주주의(liberal democracy)를 자유주의(liberalism) 이념을 구현하는 민주정(인민 주권적 통치 체제 democracy)이라고 본다는 것이다. 예를 들어, 하이에크(Hayek, 1960; Laclau & Mouffe, 2001에서 재인용)는 민주주의를 "본질적으로 내적 평화와 개인의 자유를 보호하기 위한 수단이자 실용적인 장치"라고 본다. 이때 자유주의 정치 질서는 오직 자본주의적 자유 시장 경제의 틀 속에 존재하는 것으로 간주된다.

자유주의와 민주주의를 분리하면서도 현대 민주주의를 자유 민주주의와 사실상 동의어로 보고 그러한 질서를 확립하려는 자유 민주주의자의 논리는 다른 가능한 민주주의 논의를 배제한다. 두 개념을 분리하면서 자유주의를 경제적 자유에 초점을 두는 이념으로 본다는 점은 수긍할 만하지만, 민주주의를 정치적 평등과 인민 주권에 초점을 두고 파악한다는 것은 문제가 적지 않다. 사회 경제적 민주주의와 일상의 민주주의 등의 논의를 제외한 것도 문제지만, 자유를 민주주의의 내포에서 삭제한 것도 문제다.

현대 민주주의는 민주주의(democracy = demos + kratos)를 직역한 '인민의 지배'라는 개념으로는 더 이상 설명할 수 없다. 근대 민주주의 초기 절대 왕정과 귀족에 대항해 인민 주권을 확립하던 시기에는 '왕과 귀족에 대한 인민의 지배'라는 해석이 가능했다. 그러나 적어도 민주주의 정치 질서가 도입된 나라에서는 더 이상 인민이 지배해야 할 별도의 대상이 존재하지 않는다. 그러므로 민주주의는 인민이 스스로 통치하는 체제와 이념으로 이해해 '인민의 자치'라는 개념으로 옮기는 것이 적절하다. '인민의 자치'는 '누구도 지배하지 않고 아무도 지배받지 않는' 조건에서 가능하다. 다시 말해 '모든 사람 혹은 개인이 지배받지 않을 자유로운 상태'와 '어떠한 사람 혹은 개인도 지배할 특권을 갖지 않는 평등한 상태'를 전제한다. 그러므로 민주주의의 핵심적 내포는 자유주의가 아니라 개인주의라고 보아야 한다. 이 개인주의는 자유 시장과 기업의 자유로 연결되는 경제 중심적 사상이 아니라, 공동체의 일원으로서 각인(各人)이 갖는 자유와 평등을 핵심 가치로 삼는 사상을 말한다. 전체나 집단을 위해 개인(각인)이 존재한다는 전체주의나 집단주의에 대립하는 의미에서 개인주의는 개인(각인)을 위해 전체나 집단이 존재한다고 본다.

현대 민주주의를 자유 민주주의로 규정한다는 점에서 급진 민주주의자인 에르네스토 라클라우(Ernesto Laclau)와 샹탈 무프(Chantal Mouffe)도 논리의 오류를 범한다. 물론 그들은 자유 민주주의의 한계를 지적하며 급진적 다원 민주주의를 지향해야 한다고 주장한다(Laclau & Mouffe, 2001). 하지만 이 급진적 다원 민주주의는 자유 민주주의를 대신하는 대안 민주주의가 아니라 자유 민주주의의 방향을 수정한 '올바른 자유 민주주의'를 의미한다. 이러한 의미에서 그들은 '자유 민주주의 이데올로기를 단념하는 것일 수 없으며, 이와 반대로 그것을 급진적이고 다원적인 민주주의의 방향으로 심화하고 확대하는 것'을 좌파의 과제로 설정한다. 그들이 말하는 자유주의는 물론 자유 민주주의자들이 말하는 자유주의와 다르다. 그러므로 자유 민주주의도 자유 민주주의자들이 말하는 자유 민주주의와 다르다. 급진 민주주의자들은 자유주의를 '인간적 역량을 실행할 수 있는 원리이자 개인의 자유를 옹호하는 윤리적 원리'로 이해한다. 그들에 따르면, 오늘날 자유 민주주의가 문제 되는 것은 자유 민주주의자들이 이해하듯이 자유 민주주의가 '현실에 존재하는 자유 민주주의적 자본주의'와 동일시되기 때문이다. 이들에게 자유 민주주의는 자본주의적 성격을 갖기 때문에 문제가 되는 것이다.

개인주의와 민주주의의 관계

개인주의와 관련해서도 자유 민주주의자와 급진 민주주의자는 차이점과 함께 공통점을 보인다. 자유 민주주의자는 개인주의를 소유적 개인주의로 이해하고 자유주의를 소유적 개인주의를 토대로 하는 이념으로 이해하는데, 라클라우와 무프는 자유 민주주의자의 개인주의를

'부르주아적 개인주의'로 지칭하며 피해야 할 것으로 간주한다. 무프는 자유 민주주의자가 가정하는 개인을 '사회에 선행하며 그와 독립적으로 존재하는 하나의 모나드, 다시 말해 무연고적 자아로서의 개인'으로 규정하고 거부하며, "사회관계의 다양성 속에 새겨진 '주체 위치들'의 한 집합으로 구성되는 하나의 자리로서의 개인, 다시 말해 수많은 공동체의 구성원이면서 다원적인 집단적 정체성 형성에 참여하는 존재로서의 개인"이라는 '공동체 일원으로서의 개인'을 제시한다(Mouffe, 1993). 그는 '개인'이라는 단어는 사용하지만 '개인주의'라는 개념은 거부한다. 하지만 현대의 현실 민주주의 질서에서 '자유에 방점을 두고 사회나 집단에 우선하는 개인'이 중요하다는 것은 두 입장이 다르지 않다. 다만 급진 민주주의자들은 이러한 개인 가치의 반영을 개인주의라고 부르지 않고 다원주의라고 부르며 이를 다시 경합적 민주주의로 연결시킨다.

『자유주의와 민주주의』라는 저서를 통해 자유주의와 민주주의의 관계를 깊이 있게 논한 보비오(Bobbio, 1990)도 자유주의와 민주주의의 핵심을 개인주의로 보면서 자유주의의 개인주의와 민주주의의 개인주의를 구분한다. 자유주의에서 개인은 '삶의 대부분을 유기체 모태의 바깥에 나와서 살아감으로써 미지의 위험한 생존 경쟁의 세상을 살아갈 수밖에 없는' 존재인 반면, 민주주의에서 개인은 '하나의 유기체적 전체로서가 아닌 자유로운' 존재다. 그러므로 민주주의에서 개인은 개인들 사이의 공동적 합의의 산물인 사회와 화해를 이룬다. 이러한 개인관과 사회관을 보비오는 경제적 평등을 중시하는 사회 민주주의로 연결시킨다. 이와 같이 보비오도 민주주의적 개인을 원자적 존재가 아니라 공동체적 존재로 보고 자유주의적 개인과 구별해서 본다는 점에서 라클라우와 무프처럼 유용한 관점을 제공한다. 하지만 '자유로운 평등'으로 포괄할 수 있는 '결과(분배)의 평등'으로까지 나아가지는 않으며, 일상의 민주주의에 대한 언급도 없다.

이와 같이 자유 민주주의라는 개념은 자유와 평등을 동시에 함축하는 민주주의 개념에서 '자유'를 떼어 내 특별히 강조함으로써 평등 가치를 약화한다. 반면 이를 비판하는 일련의 학자는 개인주의의 본래적 의미까지 경시하거나 일상의 민주주의까지 포괄하는 넓은 민주주의 이념으로 연결하지 못한다. 그러므로 개인주의를 올바로 이해하고 민주주의와 연결하기 위해서는 개인주의와 민주주의를 새로 정의할 필요가 있다.

이 글에서는 개인주의를 자유의 주체임과 동시에 평등의 주체인 개인을 가치의 중심에 두는 이념이라고 정의한다. 이때 '개인'은 자유를 강조하는 소유적 개인주의의 '개인'이 아니며, 굳이 공동체를 가정할 필요도 없는 '각인'을 의미한다. 따라서 이 글에서 말하는 '새로운' 개인주의는 '각인주의(各人主義)'라고 할 수 있다. 그리고 민주주의는 '각인의 자유와 평등이 동시에 보장되는 질서와 그 이념'이라고 정의한다. 곧, 민주주의는 이 새로운 개인주의인 각인주의에 기반하는 질서이자 이념이라는 것이다.

현대 민주주의는 정치에 대한 자본의 지배가 갈수록 강화되면서 위기에 처했다는 진단이 나온다. 크라우치(Crouch, 2008)는 이 위기를 포스트민주주의(post-democracy)로 부른다. 개인이 분인으로 분할되는 포스트개인주의를 특징으로 하는 디지털 자본주의 시대에 포스트민주주의 현상은 가속화될 것으로 보인다. 그에 대응해 개인주의를 새롭게 정립한 것이 각인주의다.

참고문헌

정병기(2023). 현대 포퓰리즘과 민주주의: 새로운 개인주의 시대의 신포퓰리즘과 포스트포퓰리즘. ≪한국정치연구≫, 32(1),

141-164쪽.

최장집 · 박상훈(2017). 박정희 패러다임의 붕괴: 최장집 교수와의 대화. 최장집 외, 『양손잡이 민주주의: 한 손에는 촛불, 다른 손에는 정치를 들다』(13-147쪽). 후마니타스.

Bobbio, N.(1990). *Liberalism and democracy*. Verso. 황주홍 옮김(1992). 『자유주의와 민주주의』. 문학과지성사.

Crouch, C.(2004). *Post-democracy*[원저는 이탈리아어판 *Postdemocrazia*(2003)]. Polity Press. 이한 옮김(2008). 『포스트민주주의』. 미지북스.

Hayek, F. A.(1960). *The constitution of liberty*. Chicago: University of Chicago Press.

Laclau, E. & Mouffe, Ch.(2001). *Hegemony and socialist strategy: Towards a radical democratic politics*. Verso. 이승원 옮김(2012). 『헤게모니와 사회주의 전략: 급진 민주주의 정치를 향하여』. 후마니타스.

Mouffe, Ch.(1993). *The return of the political*. Verso. 이보경 옮김(2007). 『정치적인 것의 귀환』. 후마니타스.

02
개인주의의 변화

개인주의는 시대와 장소에 따라 달리 수용되어 왔다. 1800~1960년대의 제1세대에서 1960~2000년대의 제2세대를 거쳐 2000년대 이후 제3세대로 변해 왔다. 제1세대 개인주의는 개인을 거대 집단의 추상화된 주체로 상정하는 반면, 제2세대 개인주의는 미시적 집단의 정체성을 추구한다. '다원화 개인주의'로 불리는 제3세대 개인주의는 자기 자신 안에 다양한 정체성을 수용한다.

개인주의에 대한 다양한 인식

한국의 개인주의를 이기주의라고 비판하면서 서구의 진정한 개인주의를 수용해야 한다는 주장이 있다. 그러나 로랑(Laurent, 1993)과 루크스(Lukes, 1971)가 정리했듯이 유럽과 미국에서도 개인주의에 대한 인식은 논자마다 다르고 나라마다 달랐다.

'자기'나 '개인'이라는 단어는 아리스토텔레스, 에피쿠로스, 세네카에게서 이미 등장했다(Laurent, 1993). 하지만 '개인주의' 개념은 17~18세기 계몽주의를 거치면서 두루 사용되기 시작했다. 19세기 말엽에 기존의 생활방식과 사고방식을 경멸적으로 지칭하기 위해 사용하기도 했으며, 20세기 전반까지 신랄한 비판과 거부의 움직임을 겪었다. 또한 현재에도 공동체의 가치를 훼손하는 사고로 공격받는 경향이 사라지지 않았다.

영국과 프랑스에서 개인주의는 부르주아 민주주의에 기여했고 그로 인해 더욱 풍요로워진 자유주의적 개인주의가 확산했다(Laurent, 1993). 하지만 19세기 후반 프랑스에서는 자유주의적 개인주의가 침체한 반면, 이를 계승하면서도 보편적 · 민주적 인본주의 가치를 중시하는 개인주의가 등장하기도 했다. 이에 대해 사회주의자들은 개인주의를 사회적 불평등을 초래하는 이기주의로 여겨 부정했다. 그러나 이후 피에르조제프 프루동(Pierre-Joseph Proudhon)과 장 조레스(Auguste Marie Joseph Jean Léon Jaurès) 등은 사회주의를 "완전하고 논리적인 개인주의"라고 주장하며 개인주의를 수용했다.

독일에서도 19세기 초·중반 역사학파 경제학자 프리드리히 리스트(Friedrich List)가 개인주의를 부(富)의 개인적 획득을 위해 민족 공동체의 복지를 희생하는 것으로 보기도 했다(Lukes, 1971). 반면 자유주의자 카를 브뤼게만(Karl Brüggemann)은 낭만주의를 계승해 개인성(individualität)을 "도덕과 진실에서 개별적 자유로움을 추구하는 개인의 무한한 자기 확신"으로 규정하며 긍정적으로 보았다. 또한 신칸트주의의 영향을 받은 게오르크 지멜(Georg Simmel)이 "개인의 독창성을 비교 불가능한 수준까지 심화하는, 차이의 개인주의"라는 '새로운 개인주의'를 주장하기도 했다.

미국에서도 19세기와 20세기 초에 개인주의를 사회주의나 공산주의와 대립해 자본주의와 자유 민주주의를 추구하는 이념으로 설정했다(Lukes, 1971). 이후 개인주의는 개인의 동등한 자유와 권리뿐 아니라, 제한된 정부, 자유방임, 도덕적 발전, 존엄이 조화를 이루는 사회에서 인류의 진보를 실현하는 이념으로 간주되었다. 하지만 미국에서도 진보주의자뿐만 아니라 공동체주의자와 보수주의자들로부터 다양한 방식으로 비판받았다.

개인주의의 변화: 3세대 개인주의

위에서 보았듯이 개인주의는 시대와 장소에 따라 달리 수용되어 왔다. 그렇다면 인공지능 시대로 얘기되는 디지털 자본주의 시대에 개인주의는 어떻게 나타날까? 이 시기의 개인주의에 대해서는 카림(Charim, 2019)의 논의를 통해 파악할 수 있다.

카림은 개인주의를 세 세대로 나눈다. 이른바 '개인주의 시대'라 불렸던 1800년대부터 1960년대까지를 제1세대로 보고, 1960년대를 전환기로 해 이후부터 2000년대까지를 제2세대로 부르며, 2000년대 이후를 제3세대로 간주한다.

제1세대 개인주의는 '개인주의 시대'라는 명칭과 달리 모든 개인을 동등하게 만든 모순된 개인주의라는 것이 카림의 판단이다. 당시 개인은 민주주의 질서의 투표자이자 법적 주체로서 구체적 특징이 배제된 추상화된 주체일 뿐이었다. 제1세대 개인주의에서 개인은 거대 집단에 자신을 변화시키는 일을 맡겼다. 예를 들어 개인은 당원이나 동지의 일체감을 형성해 자신을 변화시키는 정당이나 조합에 가입했다. 이때 개인의 참여는 집단 안에 녹아드는 것을 의미했으므로 민족이나 민중, 계급 같은 거대 집단의 정체성이 대중을 형성했다.

제2세대 개인주의는 68혁명운동을 통해 가시적으로 분출했다. 제1세대 개인주의의 삶의 양식과 표현을 거부하고 새로운 길을 택한 제2세대 개인주의는 이른바 '정체성의 정치'를 통해 정치의 장에 등장했다. 제2세대는 지금 그대로의 자신으로서 인정받기 위해 싸우며, 기존의 거대 집단은 차이를 강조하는 더 작은 집단과 단체에 의해 해체된다. 제2세대 개인주의에서 참여는 신사회 운동에서 전형적으로 드러나듯 생물학적 정체성이나 탈물질주의 이슈에 기반한 자기 자신(예를 들어 여성, 동성애자, 흑인, 환경, 반전 반핵 등)으로서 정치 주체가 되는 것을 의미했다. 제1세대 개인주의에서는 참여가 거대 집단의 부분이 되는 것이라면, 제2세대 개인주의에서의 참여는 인정받는 정치 주체가 되는 것이다.

2000년대 이후 현재는 제3세대 개인주의로 설명된다. 카림에 따르면, 제3세대 개인주의는 다원화된 개인주의로도 불리는 새로운 개인주의다. 물론 세 세대의 개인주의는 어떤 세대든 이전 세대 개인주의가 모두 사라지고 등장한 것이 아니다. 제2세대 개인주의 시기에 제1세대 개인주의가 잔존했으며, 현재는 세 개인주의가 병존하고 있다. 등장 시기 외에 다른 것이 또 있다면, 그것은 무엇이 주류가 되는가다. 특히 제3세대 개인주의는 제2세대 개인주의와 구별하기 어렵다. 그 핵심적인 공통점이 다원화와 작아진 자아인데, 이것은 현재의 개인주의를 굳이 제2세대와 구별해 제3세대로 부를 수 있는가 하는 의문이 생기게도 한다.

제1세대 개인주의에서 기관과 교육 및 규율을 통해 거대 집단의 일부로 주체가 변하는 것이 중요하다면, 제2세대 개인주의에서는 성별이나 기타 소수자 집단 같은 본질적으로 주어진 특징과 함께 주체를 바꾸지 않는 게 중요하다. 개인주의의 기본 단위인 개인 혹은 자아의 본질적 차원에 근접하며 규모가 작아진 것이다. 제3세대 개인주의는 개인의 단위가 한 번 더 작아진다. 하지만 여기에서 그치지 않고 개인은 분열되고 우연성과 불확실성의 경험을 수용할 뿐 아니라 원칙적 개방성까지 허용한다.

주의할 것은 제3세대 개인주의의 분열된 개인이 고립된 개인을 의미하는 원자화된 개인이 아니라는 것이다. 원자화된 개인은 신자유주의적 주체로서 각자의 직업적 성취라는 궤도만 따라가는 '홀로 주체적' 개인이라면, 제

3세대 개인주의의 다원화된 개인은 소속 집단의 규모가 더 작고 다원화될 뿐, 집단 내에서는 '서로 주체적'으로 인식하며 행동한다(김학노, 2011). 다시 말해 국가나 정당 같은 거대 집단 외에 시민 단체 같은 소규모 집단에도 속할 뿐 아니라 동호회 같은 미시적 집단에도 속한다는 것이다. 더 중요한 것은 미시 집단적 정체성이 더 큰 단위 집단의 정체성보다 결코 덜 중요하지 않으며, 소속 미시 집단도 여러 가지여서 복합적 정체성을 갖는다는 것이다. 신자유주의적 주체가 보는 사회가 고립된 개인들의 집합이라면, 제3세대 개인주의의 다원화된 개인이 보는 사회는 수많은 정체성이 공존하는 집단들 간 네트워크다.

제3세대 개인주의에서 개인들의 참여는 '월가 점거 운동(occupy)'과 한국의 촛불 집회 및 응원봉 집회 등에서 분명하게 나타난다. 참여에 대해 주체가 느끼는 주관적 단계가 중시되어 단순한 소속감을 넘어 인정받으며 고려받는다는 느낌과 감정이 중요하다. 구체적인 개체성을 지닌 채 참여한다는 '완전 참여를 향한 열망'이 제3세대 개인주의의 정치 형식이다. 이 완전 참여는 집단이나 계급 혹은 정당과 같은 어떤 보편에 의해 대변되지 않고 자신의 구체적인 개체성 안에서 온전한 개인인 자기 자신으로 존재할 때 가능하다.

주체에게 차이와 변화를 낳고 관계와 집합을 만드는 근원적 힘을 정동(affect)이라 할 때(Massumi, 2018), 제3세대 개인주의의 다원화된 개인은 많은 조우와 관계 속에서 기쁨과 슬픔, 환희와 고통의 정동 작용을 거치며 개체적이면서도 집합적인 삶을 이루는 정동적 다중(multitude)으로 현상한다(김예란, 2020). 물론 정동과 마찬가지로 제3세대 개인주의의 등장이 반드시 진보를 의미하는 것은 아니다. 정동적 다중도 자본의 논리에 침식될 때 원자화된 개인으로 치달을 수 있으며, 정치적 관리를 위해 동원될 때는 극우 포퓰리스트 군중으로도 변할 수 있다.

참고문헌

김예란(2020). 『마음의 말: 정동의 사회적 삶』. 컬처룩.

김학노(2011). 서로주체적 헤게모니. ≪한국정치학회보≫, 45(5), 53-79쪽.

Charim, I.(2018). *Ich und die Anderen. Wie die neue Pluralisierung uns alle verändert.* Paul Zsolnay Verlag. 이승희 옮김(2019). 『나와 타자들』. 민음사.

Laurent, A.(1993). *Histoire de l'individualisme.* Presses Universitaires de France. 김용민 옮김(2001). 『개인주의의 역사』. 한길사.

Lukes, S.(1971). The Meanings of "individualism". *Journal of the History of Ideas, 32*(1), pp.45-66.

Massumi, B.(2015). *Politics of affect.* Polity Press. 조성훈 옮김(2018). 『정동 정치』. 갈무리.

03
대중의 변화

최소주의로 접근할 때 대중은 '공동의 목표를 지향하며 다양한 계층으로 구성되는 집결한 사람의 무리'로 정의할 수 있다. 대중은 한 공동체 내에서 다수를 이루는 무리를 지칭하며, 대립하는 존재를 가정한다. 2차 세계 대전 이후 현대 사회의 대중은 민족, 민중, 계급/계층, 시민, 다중의 양상으로 변해 왔으며, 각각 제국, 독재 권력, 부르주아지/부유층, 정치권력, 자본에 대립한다.

대중 개념의 변화

대중 사회(mass society)라는 말이 회자된 지도 오래되었다. 대중 사회는 개인주의의 발전을 통해 더 확대되었으며, 라디오와 TV 등 대중 매체(mass media)의 발달에 의해 더욱 가속화되었다. 하지만 인터넷의 대중적 보급과 SNS의 발달로 대표되는 디지털 자본주의에서 매스 미디어가 '뉴 미디어(new media)'로 교체되면서 대중과 대중 사회는 또 한 번 변하고 있다. 이 장에서는 새로운 대중의 모습과 성격을 파악하기 위해 대중의 어원과 역사적 변화를 살펴본다.

대중(mass)의 어원인 고대 그리스어 maza는 빵을 굽기 위한 보릿가루 반죽을 말한다. 그에 따라 여러 학자는 대중을 집단적 · 육체적으로 집결한 무리로 간주해 왔다. 그 밖에도 이들은 일상생활에서 벗어난 변화, 즉흥성, 정서적 반응, 구별 짓기와 상대적 개방성, 폭력성, 양면 가치(폭동성과 해방 지향성)를 필수적인 기준으로 설정한다. 새로운 대중의 출현을 주장한 게바우어와 뤼커(Gebauer & Rücker, 2020)에 따르더라도, 대중은 집결한 사람의 무리로서 공동의 목표를 지향하고 육체적 행동을 하며 다양한 계층으로 구성된다.

이러한 대중 개념의 기준을 다른 많은 연구자도 수용

한다. 그러나 집결성과 육체적 행동(특히 가시적 형태의 육체적 집결과 같은 행동)은 필수적 요건이라고 보기 어렵다. 인터넷 대중뿐만 아니라 과거의 대중도 다양한 방식의 소통을 통해 가시적으로 집결하기 전에 이미 공동의 목표를 지향하는 다양한 사람들 무리라면 이미 대중으로 볼 수 있기 때문이다. 실제로 민족이나 민중, 계급/계층이나 시민 같은 추상적 개념의 무리도 대중으로 간주되어 왔다. 따라서 이 글에서 대중은 '공동의 목표를 지향하는 다양한 사람들의 무리' 정도로 이해하며, 그 구체적 모습은 추상적일 수도 있음을 가정한다.

가시적 집결의 형태로 간주할 때 대중은 종종 군중과 혼동되는 것도 대중 논의에서 피해야 할 것 중의 하나다. 대중 연구의 한 획을 그은 카네티(Canetti, 2002)가 대중을 군중과 구별하지 않고 "군중[대중]은 밀집 상태를 사랑한다"고 정언적으로 규정한 것도 그러한 오류의 하나라고 할 수 있다. 게바우어와 뤼커도 "카네티의 『군중과 권력』이 1960년대에 나온 이후로는 근본적이고 새로운 논문은 거의 나오지 않았다. 르봉, 타르드, 프로이트, 오르테가의 전통적인 대중 이론 이후에 발표된 논문은 그들의 명제를 재구성하고, 기껏해야 그것을 새로운 역사적 여건에 맞게 만들었을 뿐"(Gebauer & Rücker, 2020)

이라고 개탄했다.

이처럼 1960년대까지 대중은 대개 가시적 집결의 양상을 띤 군중과 구별되지 않음으로써 부정적 의미에 한정되었다. 대중이 비이성적 힘의 지배를 받는다고 본 르봉(Le Bon, 2019)과 타르드(Tarde, 2015), 지도자와 대중의 관계를 리비도 관계로 본 프로이트(Freud, 2007), 대중을 도덕이 없는 존재로 본 오르테가 이 가세트(Ortega y Gasset, 1983), 그리고 '고독한 군중'을 설파한 리스먼(Riesman, 1961)과 독점 자본주의 사회에서 자동인형처럼 되어 가는 일차원적 인간을 경계한 마르쿠제(Marcuse, 2009) 등에게서 자유를 추구하는 주체적 대중의 모습을 찾기는 어렵다(윤수종, 2014: 115). 이들에게 자유를 신장하는 정치 사회적 혁명은 깨어 있는 소수를 통해서만 가능하다.

그러나 68혁명운동으로 상징되는 1960년대를 지나 인터넷 정보 사회에 도달한 지금은 대중의 주체적 움직임이 다양하게 포착되고 있다. 라인골드(Rheingold, 2003)가 대중에게서 대안 미디어를 활성화하고 대항 공공 영역을 확장할 수 있는 주체의 모습을 본 것과 네그리와 하트(Negri & Hardt, 2000)가 지구적 자본에 저항하는 다중(multitude)을 표상해 낸 것이 대표적 예다(조동원, 2006). 이후 국내외적으로 주체적 대중의 역능에 대한 기대는 이러한 논의를 더욱 심화했다. 이른바 '새로운 대중'(Gebauer & Rücker, 2020)에 대한 논의나 '제3세대 개인주의'(Charim, 2019) 논의도 이러한 맥락에서 제기된 것이다.

최소주의적 대중 개념과 '새로운' 대중

대중의 개념을 최근의 현실에 맞게 설정하려면 이와 같은 엄격한 요건을 걷어 내고 최소주의로 접근할 필요가 있다. 그러므로 대중은 '공동의 목표를 지향하며 다양한 계층으로 구성되는 집결한 사람의 무리'로 규정하는 것이 적절하다. 이때 공동의 목표는 추상적 이념의 수준까지 포함하며, 집결의 양상도 네티즌과 같은 비가시적 양태를 포함한다. 한국에서도 2000년대 이후 대중은 네트워크 중심적이고 융복합적이며 가상과 실제의 경계를 자유롭게 횡단하는 양상을 보인다(김성일, 2014: 232-235).

최소 개념으로 접근할 때, 2차 세계 대전 이후 현대 사회의 대중은 민족, 민중, 계급/계층, 시민, 다중의 양상으로 변해 왔음을 알 수 있다. 대중 개념은 물론 소규모 집단의 무리를 배제하지 않는다. 하지만 이 글에서 대중은 한 공동체 내에서 다수를 이루는 무리를 지칭하며 이것은 주로 '보통 사람들'이라는 말로도 이해할 수 있다. 또한 이 양상은 모두 대립하는 존재를 가정한다. 민족은 민족들 간 혹은 제국에 대해, 민중은 독재 권력에 대해 대립하고, 계급/계층은 부르주아지/부유층과 프롤레타리아트/서민층의 대립으로 나타나며, 시민은 정치권력에 대해 참여나 비판의 방식으로 대립하고, 다중은 자본이라는 제국(帝國)에 저항한다.

물론 '노동자 대중', '농민 대중'이라는 개념도 가능하다. 이때 대중은 '노동자'나 '농민'이라는 공동체를 가정하고 그 내부의 구성원을 지칭한다. 그러므로 대중 개념 정의에서 '다양한 계층으로 구성'된다는 요건은 '노동자'나 '농민'이라는 해당 공동체 내 하위분류 집단으로서의 계층이 두루 섞여 있다는 의미로 풀이된다.

우리나라의 상황은 물론 서구의 경우와 같지 않다. 그러나 1987년 민주화 이후 한국은 민주주의가 압축적으로 발전해 오는 가운데 2000년대 초반부터 2016~2017년까지 진행된 촛불 집회가 새롭고 주체적인 대중의 모습을 유감없이 보여 주었고, 특히 2016~2017년 촛불 집회는 세계 학계의 중요한 연구 대상이 되고 있다. 대중의 모습도 그에 걸맞게 여러 유형을 두루 거쳐 왔다. 우리나라 대중은 민주화 이전에 민족과 민중의 모습으로 나타났다면, 1987년 민주화 이후 2000년대 촛불 집회 이전까지는 시민과 계급/계층이 중심을 이루었고, 2000년대 촛불 집회 이후는 다중의 모습을 보이고 있다.

특히 2000년대 촛불 집회에 참가한 대중은 개인의 다원성을 토대로 탈집단주의 성격을 보이며 플래시 몹(flash mob)과 유사한 방식의 행동 양상을 띠어 네그리와 하트의 다중을 넘어선다. 하나의 집단적 정체성으로 규정할 수 없는 이 대중은 다양한 방식의 집단행동에 참여하더라도 자신의 다원적 정체성을 잃지 않으며 일상생활과 집단행동을 구분하지 않는다. 또한 분노 같은 사회적 감정의 전이를 행동으로 표출하는 데 시간 지체를 두지 않음으로써 정동(affect: 다른 사람에게 전이되면서 사회적 행동을 유발하는 정서적 충격)적 다중으로서 수행성의 정치 행태를 보인다.

대중의 변화는 개인 및 개인주의의 변화와 연동된다. 개인과 개인주의의 변화에 따라 '집결한 사람의 무리'인 대중에서 '사람'의 성격이 바뀌기 때문이다. 디지털 자본주의는 분인(dividudum)의 출현을 비롯한 포스트개인주의로 진행하므로 개인과 개인주의 및 정동적 다중에 대해 더 상세한 논의가 필요하다. 이 논의는 제4장과 제7장에서 이어 갈 것이다.

참고문헌

김성일(2014). 『대중의 계보학: 모던 걸에서 촛불 소녀까지, 대중 실천의 역사와 새로운 대중의 시대』. 이매진.

윤수종(2014). 『네그리·하트의 「제국」·「다중」·「공통체」 읽기: 제국과 대중 그리고 공통의 부』. 세창미디어.

조동원(2006). 융합미디어 환경에서의 대중 주체의 변화. ≪진보평론≫, 28호, 60-78쪽.

Canetti, E.(1960). *Masse und Macht*. Ulstein. 강두식 · 박병덕 옮김(2002). 『군중과 권력』. 바다출판사.

Charim, I.(2018). *Ich und die Anderen. Wie die neue Pluralisierung uns alle verändert*. Paul Zsolnay Verlag. 이승희 옮김(2019). 『나와 타자들』. 민음사.

Freud, S.(2007). *Massenpsychologie und Ich-Analyse. Einleitung von Reimut Riche*. 8. unveränd. Aufl. Frankfurt a. M.: Fischer-Taschenbuch-Verlag.

Gebauer, G. & Rücker, S.(2019). *Vom Sog der Massen und der neuen Macht der Einzelnen*. Verlagsgruppe Random House GmbH. 염정용 옮김(2020). 『새로운 대중의 탄생』. 21세기북스.

Le Bon, G.(1895). *Psychologie des foules*. Alcan. 전남석 옮김(2019). 『군중 심리』. 동국출판사.

Marcuse, H.(1964). *Der eindimensionale Mensch: Studien zur Ideologie der fortgeschrittenen Industriegesellschaft*. Luchterhand. 박병진 옮김(2009). 『일차원적 인간: 선진 산업사회의 이데올로기 연구』. 한마음사.

Negri, A. & Hardt, M.(2000). *Empire*. Cambridge. Mass.: Harvard University Press.

Ortega y Gasset, J.(1983). *Obras completas*. Vol.4. Alianza. 황보영조 옮김(2005). 『대중의 반역』. 역사비평사.

Rheingold, H.(2003). *Smart mobs. The next social revolution.* Turtleback. 이운경 옮김(2003). 『참여 군중』. 황금가지.

Riesman, D.(1961). *The lonely crowd: A study of the changing American character.* Yale University Press. 류근일 옮김(2016). 『고독한 군중』. 동서문화사.

Tarde, G.(1989). *L'opinion et la foule.* PUF(Presses Universitaires de France). 이상률 옮김(2015). 『여론과 군중』. 이책.

04
‘포스트’ 시대의 개인, 대중과 민주주의

근대가 형성된 후 1960년대 말까지를 ‘포스트’ 이전 시기로 본다면, ‘포스트’ 시대는 두 시기로 구분된다. 탈물질주의(postmaterialsm) 논의가 등장하고 탈근대(postmodernism)가 회자된 2000년대 이전의 시기와 포스트자본주의, 포스트휴먼 개념이 본격적으로 논의되는 2000년대 이후가 그것이다. 2000년대 이후 현 시기는 포스트민주주의와 포스트개인주의의 시기이기도 하다.

근·현대와 포스트 시대

현대 사회를 대중 사회(mass society)로 지칭한 것만큼은 아니지만, '포스트(post-)'라는 접두사가 정치, 경제, 사회, 문화의 각 영역에서 사용된 것도 오래된 일이다. 포스트모더니즘, 포스트포디즘, 포스트포퓰리즘, 포스트자본주의, 포스트휴먼에 이르기까지 '포스트' 시대는 이미 도래했고 갈수록 심화할 것이다. 사회를 움직이는 인간 주체를 대중이라고 한다면, 사회의 성격을 규정하는 기본 수식어는 포스트라고 할 수 있다.

아직 학술적 용어로 정의되지 않았지만 포스트개인주의(postindividualism)도 중요한 경향이라고 할 수 있다. 포스트개인주의는 사람들이 집단적 목표나 이념이 아니라 개인의 목적이나 욕망에 따라 결집하는 현상을 지칭할 때 사용하는 경우가 종종 있다. 하지만 이 글에서 포스트개인주의는 집단주의에서 개인주의로 발전해 온 역사를 반영해 개인이 분할되는 경향을 지칭한다.

근대가 형성된 후 1960년대 말까지를 '포스트' 이전의 근 · 현대로 포괄하는 것은 지나치게 광대한 범주 설정일 수 있다. 하지만 적어도 앞 장에서 살펴본 대중의 흐름 및 변화와 관련해서는 무리가 되지 않는다. '포스트' 시대는 대개 1960년대 말 이후를 지칭하기 때문이다. '포스

표 4-1. 근·현대와 '포스트' 시대의 주요 변화

	근대(현대)	'포스트' 시대		
		포스트-모더니즘 포스트-물질주의	포스트-자본주의/포스트-민주주의 포스트-개인주의/포스트-휴머니즘	
시기	근대 형성 후 ~ 1960년대 말	1960년대 말 ~ 2000년대	2000년대 이후	포스트-포스트-? 아니면 새로운 개념과 사회의 등장
정치 경제적 배경	산업 혁명, 근대 사회의 성립, 포디즘, 케인스주의, 제1·2차 산업 혁명	포스트포디즘, 68혁명운동, 신자유주의, 제3차 산업 혁명(디지털 혁명)	신자유주의 약화, 디지털 혁명 가속화, 제4차 산업 혁명	
주요 가치	보편성, 이념, 이성	특수성, 욕망, 감성	개별성, 욕구, 정동	
주요 담론과 집단	거대 담론과 거대 집단: 국가, 민족, 계급, 정당, 노동조합 등	미시 담론과 소규모 집단: 거대 담론이 약화되고, 환경, 여성, 소수자, 신사회 운동이 등장	개별 담론과 개인 및 분인: 기존 미시 담론도 약해지고, 개별적이고 다양한 이슈, 다원적 개인주의와 분인이 등장	
정체성과 참여 동기	거대 집단적 정체성과 참여	이슈 집단적 정체성과 참여	다원적 개인 정체성과 참여	
정치적 특징	명령/설득과 재현의 정치	욕망/진술과 표현의 정치	정동과 수행성의 정치	

트' 시대는 다시 두 시기로 구분되는데, 탈물질주의(postmaterialsm) 논의가 등장하고 탈근대(postmodern)가 회자된 2000년대 이전의 시기와 포스트자본주의(postcapitalism)와 포스트휴먼(posthuman) 개념이 본격적으로 논의되기 시작한 2000년대 이후가 그것이다(표 4-1 참조).

시기별 배경과 주요 특징

세 시기의 정치 경제적 배경은 순서대로 ① 포디즘과 케인스주의, 제1차 산업 혁명(방적기, 증기 기관 등의 기술 혁신)과 제2차 산업 혁명(철강, 화학, 자동차, 전기 등의 기술 혁신), ② 포스트포디즘과 신자유주의, 제3차 산업 혁명(정보 통신 기술 혁신의 디지털 혁명)과 68혁명운동, ③ 신자유주의 약화와 보호 무역주의 및 제4차 산업 혁명(인공지능 이후 정보 통신 기술 융합의 차세대 기술 혁신) 등이다. 이러한 정치 경제적 배경에서 첫 번째 시기는 이성과 합리성을 중시하고 민족이나 민중(또는 인민) 혹은 계급을 근거 짓는 보편성과 이념을 추구해 정당이나 노동조합이 주요 사회 행위자로 기능했다. 이러한 시대의 바람직한 정치는 합리적 명령과 설득이 작용하고 대의를 통해 민중(인민)이나 계급 혹은 민족의 의사가 실현되는 정치였다.

이와 달리 '포스트' 시대를 연 1960년대 말 이후 반세기는 계급의 중요성이 유지되는 가운데 주요 대중 표상으로 성장한 시민(공동체 구성원인 공민으로서의 주권자)이 일상의 권위주의를 타파하려는 탈물질주의 이슈들을 제기하면서 소규모 집단의 특수성 및 욕망과 감성을 해방하고자 했으며, 이러한 사회적 분위기에 따라 대중의 일부는 다중으로 변해 갔다. 이 시대의 바람직한 정치는 사회 구성원이자 주권자로서의 욕망을 거리낌 없이 진술하고 대의 기구를 통하기보다 직접적으로 표출하는 것이다. 한 가지 주의할 것은 이 시대 이후 시기를 '포스트'라고 규정하듯이 아직은 완전한 '탈(脫)'을 이룬 것이 아니라 '연속'의 성격을 함께 띤다는 점이다. 그중 가장 대표적인 대중 표상이 계급이다. 하지만 노동 운동에서 보듯이 계급적 사회관을 가진 좌파 진영도 반권위주의적이고 탈물질주의적으로 변해 가기 시작했다.

세 번째 시기에는 첫 시기부터 존재해 온 대중 표상들이 대부분 약해지는 가운데 시민과 다중이 주요 흐름을 형성하면서 참여적이고 정동적으로 변해 왔다. 이들은 다원적 개인주의 의식을 갖고 개인의 개별적 주체성에 따른 욕구를 시간 지연이나 집단을 거치지 않고 정치·

사회적으로 표출하는 경향을 보인다. 이 시기의 바람직한 정치는 전염되는 정동의 속성[정동하기(affect)와 정동되기(affected)]에 따라 진술과 실행이 구분되지 않는 수행성(performativity)의 정치로 볼 수 있다.

세 번째 시기는 다른 시기와 달리 개인과 분인이 함께 등장한다는 점에 유의할 필요가 있다. 미시 담론이 개인 단위로 더 작아지는 데 그치지 않고 개인(individuum)이 분인(dividuum)으로 분할되기 때문이다. 논리적으로는 다원화된 개인이 먼저 등장한 후 이 개인이 다중성(多重性), 유동성, 분산성을 특징으로 하는 파편화된 개인(이재현, 2023), 즉 분인으로 분할되는 순서를 따른다. 하지만 현실에서 이 현상은 거의 동시적으로 일어난다(분인 현상에 대해서는 제6장에서 상세히 다룬다).

크라우치(Crouch, 2008)가 경고한 포스트민주주의(post-democracy)도 2000년대의 주요 화두로 등장했다. 기업이 정치와 경제를 지배하고 정부는 기업의 지배를 받는 '제도화된 멍청이'가 된다는 포스트민주주의의 위험은 디지털 자본주의에서 더욱 가시화된다. 이때 포스트민주주의는 민주주의의 위기를 의미하며, '포스트'는 민주주의를 벗어난다는 '탈(脫)'의 의미로 쓰였다.

포스트와 관련된 모든 논의에서 접두사 '포스트'의 용

법에 유의할 필요가 있다. '포스트'는 '~의 뒤나 다음 혹은 이후(after or later than)'라는 뜻의 접사다. 하지만 실제 용례를 보면, '후기'와 '탈'의 의미를 동시에 함축한다. '후기'로 쓰일 때는 '연속성'을 의미하고, '탈'로 쓰일 때는 '단절성'을 의미한다. 다시 말해, '포스트'는 본말의 범위를 일정하게 벗어나지만 완전히 벗어나지는 않은 상태나 성질을 지칭할 때 쓰인다. 포스트머티리얼리즘(postmaterialism)은 탈물질주의로 번역하듯이 물질주의를 벗어나는 것을 의미하지만, 포스트모던(post-modern)은 후기근대와 탈근대(탈현대)로 모두 번역되듯이 모더니즘을 이으면서도 벗어나는 경향을 함께 지칭한다. 포스트자본주의(postcapitalism: Mason, 2017)와 포스트휴먼(posthuman)의 접두사 '포스트'도 '탈'이라는 단절성에 가깝고 장차 도래할 미래 사회를 그리지만 '후기'라는 연속성도 배제하지 않는다. 심지어 페르란도(Ferrando, 2021)는 '포스트'가 연속성과 단절성뿐만 아니라 초월성까지 함축한다고 한다. 특히 포스트휴머니즘에서 포스트휴먼은 인간을 초월한 존재로 진화한 새로운 인류를 의미하기도 한다.

이처럼 모순적이고 복합적인 접두사로 수식된다는 것은 현 시기가 그만큼 모순적이고 복합적이라는 의미다.

또한 단어 뜻 그대로 본질적 변화가 멀지 않았다는 의미이기도 하다. 하지만 '포스트' 시대 이후에 어떤 시대가 올지는 섣불리 예단할 수 없다. 현대를 대체하는 전혀 다른 사회가 도래할지 아니면 현대성이 더욱 약해지지만 현대를 대체하지는 못한 '포스트-포스트 현대'로 이어질지는 아직 가설적으로도 규정하기 어렵다. '포스트'가 계속 이어지고 강화된다면 언젠가 새로운 유형의 사회가 도래하리라는 것만 확실하다.

참고문헌

이재현(2023). 『인공지능과 알고리듬 사회』. 컴북스캠퍼스.

Crouch, C.(2004). *Post-democracy*. Polity Press. 이한 옮김(2008). 『포스트민주주의』. 미지북스.

Ferrando, F.(2019). *Philosophical posthuman*. Bloomsbury. 이지선 옮김(2021). 『철학적 포스트휴머니즘』. 아카넷.

Mason, P.(2015). *Postcapitalism: A guide to our future*. Allen Lane. 안진이 옮김(2017). 『포스트자본주의: 새로운 시작』. 더퀘스트.

05
인공지능 시대와 휴머니즘

트랜스휴머니즘이 모더니즘에서 나왔다면, (비판적) 포스트휴머니즘은 포스트모더니즘에 뿌리를 둔 탈인간주의, 탈이원론이다. 인간의 신체적 한계를 극복하려는 트랜스휴머니스트와 달리, 포스트휴머니스트는 신체화를 부정하지 않는다. 포스트휴머니즘에 따르면 인간은 태어나는 것이 아니라 만들어지는 것이며, 비인간의 존재론적 부정(부인)에 의해 확립되었다.

휴머니즘과 포스트휴머니즘

21세기에는 휴머니즘에 대한 성찰을 요구하는 목소리가 높다. 인간이 만물의 영장이라는 오만에 대한 질타다. 과연 인간이 지구와 자연을 지배할 수 있고 그럴 자격이 있는가. 동물권에 대한 요구는 이미 여러 나라에서 수용되었고, 소피아(Sophia)의 경우처럼 기술적 존재도 시민권을 획득하기 시작했다. 개인주의에 대한 성찰은 인간주의 혹은 인문주의라는 휴머니즘(humanism)에 대한 성찰로도 이어진다.

앞 장에서 접두사 '포스트'는 단절성과 연속성을 동시에 함축한다고 밝혔다. 페르란도(Ferrando, 2021)는 연속성과 불연속성에 초월성을 더해 세 가지 의미를 갖는다고 했다. 하지만 그가 말하는 불연속성은 포스트모던(postmodern)의 용례처럼 '탈'로 번역되는 반작용을 의미하며, 반작용은 단절성의 한 가지 유형이다. 초월성도 반작용을 통해 이루어진다고 볼 때, 역시 단절성의 한 유형이라고 할 수 있다. 단절성이 반작용에 그치는가 아니면 반작용을 넘어 초월로 나아가느냐의 차이다. 그러므로 '포스트' 개념은 여전히 단절성과 연속성의 두 가지 의미로 볼 수 있다.

이음줄(hyphen)의 위치도 '포스트'의 의미를 해석하

표 5-1. 포스트휴먼-이즘과 포스트-휴머니즘

이음줄(-) 위치 / 포스트(post) 의미	포스트휴먼-이즘 (posthuman-ism)	포스트-휴머니즘 (post-human sm)
후기	후기인간-주의	후기-인간주의
탈	탈인간-주의	탈-인간주의

는 데 중요한 기준이 되는데, 특히 포스트휴머니즘에서 그러하다. 표 5-1에서 보듯이, 이음줄을 '포스트휴먼(posthuman)'과 '이즘(ism)' 사이에 넣으면, '포스트휴먼'을 가치의 중심에 두는 이념이나 태도를 말한다(실제 표기법상으로 이음줄을 접사인 ism 앞에 넣지는 않지만 의미 구분을 위해서는 가능하다). 이때 포스트휴먼은 후기인간(후기인류) 혹은 탈인간(탈인류)을 의미한다. 곧 포스트휴먼-이즘(posthuman-ism)은 현생 인류(인간)를 잇거나 새로운 인류(인간)가 생겨나고 그 인류(인간)를 가치의 중심에 두는 이념이나 태도를 뜻한다. 반면 이음줄을 '포스트'와 '휴머니즘' 사이에 넣으면, 휴머니즘을 잇는 후기-인간주의 혹은 휴머니즘과 단절한(반대하거나 뛰어넘는) 이념이나 태도를 의미한다. 이렇게 볼 때 이음줄 없는 '포스트휴머니즘'은 '포스트휴먼-이즘'과

'포스트-휴머니즘'을 포괄한다고 할 수 있다.

특히 인공지능으로 대표되는 제4차 산업 혁명 기술과 관련해 포스트휴먼-이즘은 인조인간이나 초인적 기술을 장착한 새로운 인류의 출현을 진화나 위협으로 보고 인간(인류)을 지키고자 한다. 반면 포스트-휴머니즘은 제4차 산업 혁명에 따른 기술의 발전을 인간(인류) 중심주의에 대한 반성의 기회로 보고 동물과 인간 및 기술적 존재가 공동 주체로서 공존하는 세상을 상상한다. 포스트-휴머니즘 중에서 탈-인간주의의 대표적인 예는 페르란도(Ferrando, 2021)의 '철학적 포스트휴머니즘'이며, 후기-인간주의의 대표적 예는 니다-뤼멜린과 바이덴펠트(Nida-Rümelin & Weidenfeld, 2020)의 '디지털 휴머니즘'이다.

디지털 휴머니즘은 기술 친화적인 동시에 인간 친화적인 세상을 기대하지만, 기술 유토피아를 주장하는 실리콘밸리 이데올로기에 반대해 디지털화에 대해 도구적 태도를 견지한다(Nida-Rümelin & Weidenfeld, 2020). 이와 달리 철학적 포스트휴머니즘은 인간이 자연 질서에서 우월한 종이라는 관념을 비판하며, 인간 중심주의를 벗어나려는 탈-인류중심주의(post-anthropocentrism)와 인간-비인간 이원론을 뛰어넘으려는 탈-이원론(post-dualism)을 추구한다(Ferrando, 2021).

트랜스휴머니즘과 포스트휴머니즘

인공지능과 관련해 포스트휴먼-이즘(후기인간-주의와 탈인간-주의)은 트랜스휴머니즘(transhumanism)과도 관련된다. 트랜스휴머니즘도 포스트-휴머니즘과 마찬가지로 1980년대 후반에 시작해 1990년대에 본격적으로 생겨났다. 포스트휴머니즘 중에서도 탈-인간주의가 포스트모더니즘에서 나왔다면, 트랜스휴머니즘은 계몽사상에 뿌리를 두고 획기적 진화를 기대하는 '울트라-휴머니즘'이라고 할 수 있다(Onishi, 2011).

'트랜스(trans)'는 '횡단' 혹은 '초월'의 의미를 갖는 접두사다. '초(超)-인간화(trans-humanizing)'라는 단어는 단테의 『신곡(La Divina Commedia)』(1304~1321)에서 처음 사용되었다고 한다(Ferrando, 2021). 단테가 사용한 단어는 이탈리아어 동사 '초인간화하다(trasumanar)'인데, 이는 '신 앞에서 인간을 초월하는 특정한 상태를 경험한다'는 의미다. '트랜스휴머니즘' 단어는 피에르 테야르 드 샤르뎅(Pierre Teilhard de Chardin)이 "민주주의 사상의 본질: 생물학적 접근(The Essence of the Democratic Idea: A Biological Approach)"(1949)에서 사용했는데, 이후 그와 교류한 헉슬리 형제(Julian Huxley, Aldous Huxley)의 저술로 이어졌다.

이혜영 등(2018)에 따르면, 트랜스휴머니즘은 인간의 지적 · 물리적 · 생리적 능력을 강화하는 기술을 사용해 인간 조건을 변화시키는 것을 목적으로 하는 이념이나 태도를 말한다. 여기서 말하는 트랜스휴먼은 휴먼과 포스트휴먼의 중간 단계다. 모든 면에서 인간과 닮았지만 인간의 기준을 넘어서는 힘과 능력을 가진다. 트랜스휴머니즘은 인류가 트랜스휴먼을 넘어 완전히 새로운 인류인 포스트휴먼으로 진화한다고 한다. 트랜스휴머니스트도 포스트휴머니즘을 가정하지만, 이때의 포스트휴머니즘은 기술 유토피아적 후기인간주의나 포스트휴먼-이즘에 해당한다.

트랜스휴머니즘의 경향들은 다음과 같다(이혜영 외, 2018). 민주적 트랜스휴머니즘(자유주의적 · 사회적 · 급진적 민주주의 견해와 트랜스휴머니즘을 결합), 엑스트로피어니즘(Extropianism, 생명 무한 확장론: entropy의 반대 개념으로 extropy를 주장), 이모탈리즘(Immortalism, Anti-aging movement), 자유지상주의적 트랜스휴머니즘(Libertarian transhumanism), 포스트젠더리즘(Postgenderism: 임의적 성별 제거를 옹호),

특이점주의(Singularitarianism: 안정성을 보장하고 기술적 특이점이 초래할 계획적 행위를 옹호), 테크노가이아니즘(technogaianism: 생태학 이데올로기에 따라 새롭게 출현하는 과학 기술이 지구 환경을 복원할 수 있다는 신념).

트랜스휴머니즘에 대한 비판은 주로 실제적 비판(practical criticism)과 윤리적 비판(ethical criticism)으로 나뉜다(이혜영 외, 2018). 실제적 비판은 트랜스휴머니스트의 목표가 성취될 가능성에 반대하며, 윤리적 비판은 트랜스휴머니스트적 제안과 트랜스휴머니즘의 근본을 입증하는 도덕 원칙이나 세계관에 반대한다. 이처럼 트랜스휴머니즘은 인간 중심주의의 극단적 확장이다. 인류세(人類世, Anthropocene)를 언급하고 동물권을 인정하는 요즘에는 윤리적 측면뿐만 아니라 실제적 측면에서도 한계가 많은 편향적 이념이라 할 수 있다.

포스트휴머니즘은 기존의 전통적 휴머니즘을 비판한다는 의미에서 비판적 포스트휴머니즘이라고도 한다. 트랜스휴머니즘이 모더니즘에서 나왔다면, 비판적 포스트휴머니즘은 포스트모더니즘에 뿌리를 둔 탈-인간주의다. 신체적 한계를 가진 인간 형태를 극복하고자 하는 트랜스휴머니스트와 달리, 비판적 포스트휴머니스트는 신체화(embodiment)를 부정하지 않는다(이혜영 외, 2018). 페르란도(Ferrando, 2021)는 시몬 드 보부아르(Simone de Beauvoir)를 인용해 인간은 본질이 아니라 과정이라고 했다. 인간은 태어나는 것이 아니라 경험, 사회화, 수용이나 거부 등을 통해 만들어지거나 규정될 뿐이라는 것이다. 뤼스 이리가레(Luce Irigaray)가 인간은 비인간의 존재론적 부정(부인)에 의해 확립되었다고 말한 것도 같은 맥락이다. 포스트휴먼 시대는 포스트휴머니즘의 비판적 성찰을 요구한다.

참고문헌

이혜영 외(2018). 『트랜스휴머니즘과 포스트휴머니즘』. 한국학술정보.

Ferrando, F.(2019). *Philosophical posthuman*. Bloomsbury. 이지선 옮김(2021). 『철학적 포스트휴머니즘』. 아카넷.

Huxley, J.(1957). *New bottles for new wine*. London: Chatto & Windus.

Nida-Rümelin, J. & Weidenfeld, N.(2018). *Digitaler Humanismus: Eine Ethik für das Zeitalter der künstlichen Intelligenz*. 4th Edition. Piper. 김종수 옮김(2020). 『디지털 휴머니즘: 인공지능 시대의 윤리』. 부산대학교출판문화원.

Onishi, B.(2011). Information, bodies, and Heidegger: Tracing visions of the posthuman. *Sophia, 50*(1), pp.101-112.

06
인공지능 사회의 개인과 분인

인공지능이 작동하는 디지털 자본주의는 개인의 분인화와 성향 조장을 초래하고 강화한다. 개인 성향의 조장은 개인의 사고 능력을 박탈하며, 개인의 분인화는 개인에 대한 디지털 자본의 지배를 강화한다. 개인이 분인으로 분할되지만, 개인과 분인이 반드시 대립하는 개념은 아니다. 개인의 분인화는 개인의 정동적 참여를 이끌어 내는 계기가 될 수도 있기 때문이다.

통제 사회와 디지털 자본주의

1990년에 들뢰즈(Deleuze, 1992)가 선언한 바에 따르면, 18~19세기에 등장해 20세기에 정점에 이르렀다고 미셸 푸코(Michel Foucault)가 규정한 '규율 사회(disciplinary societies)'가 2차 세계 대전 이후에는 '통제 사회(societies of control)'로 전환되고 있다. 규율 사회가 아날로그, 공장, 규율, 주물(molds), 개인(individuum)-대중(mass), 번호 매기기(numeration)와 표어 등으로 특징지어지는 반면, 통제 사회는 숫자, 기업, 평생 훈련, 변조(modulation), 분인(dividuum), 코드와 비밀번호 등으로 특징지어진다(이재현, 2023). 규율 사회가 개인의 정체성을 확인하는 '서명(署名)'으로 움직인다면, 통제 사회는 개인들을 하나의 덩어리로 묶어 사회 내의 위치를 지정하려는 행정적인 '번호 매기기'로 움직인다.

들뢰즈가 규정한 통제 사회는 2차 세계 대전 이후의 사회를 지칭한다. 디지털 자본주의가 등장한 지금, 통제 사회의 성격은 더욱 강화되고 있다. 하지만 제3차 산업 혁명을 거쳐 제4차 산업 혁명이 진행되고 있는 현재는 통제 사회만으로 규정하기 어렵다. 감성 분석을 이용해 사람들의 정서 상태를 파악하는 동시에 모니터링하면서 조종할 수 있다는 점에서 21세기 현대 사회는 인지 자본주의의 한 형태이자 정동 자본주의(affective capitalism)이기도 하기 때문이다(Karppi et al., 2016; Coeckelbergh, 2023). 하지만 통제 사회라는 규정이 인지 자본주의와 정동 자본주의의 본질을 꿰뚫고 있는 것은 사실이다.

이재현(2023)은 인터넷 검색기와 넷플릭스 등의 예를 들어 인공지능의 개인화 추천 서비스의 영향을 잘 설명한다. 검색 이력을 토대로 이용자의 취향이 분류되고 규정되어 개인별로 맞춤형 추천 서비스가 진행된다. 이재현에 따르면, 이 개인화 추천 서비스는 개인의 분인화 현상을 초래하며 선제(先制, preemption)를 통해 개인의 성향을 조장한다.

분인화 현상은 넷플릭스가 가입자 개인들을 횡단하는 대상이 개인이 아니라 분인이라는 것으로 설명된다(이재현, 2023). 다시 말해 넷플릭스가 전유하는 것은 한 개인 전체가 아니라 가입자로서의 한 개인이 보이는 비디오 시청 행태만이며, 이것이 데이터로 활용된다는 뜻이다. 이런 의미에서 넷플릭스의 횡단 선은 분인의 선이고, 넷플릭스의 공유는 분인의 공유이며, 넷플릭스가 구성하는 실재는 분인들의 모음이다. 이 '분인들의 모음'은 소비를 예측하고 강화하기 위해 통계적으로 사용될 수 있는 디지털화된 특성과 습관의 집합을 가리킨다. 이것은 '정체성의 형성'이 아니라 '정체성의 분할'을 통해 작동한다(Colwell, 1996; Hietanen et al., 2022).

개인화 추천 서비스의 다른 효과인 개인 성향의 조장은 인공지능이 개인 취향의 규준과 행동 규범을 규정하는 것을 말한다(이재현, 2023). 인공지능 추천 서비스는 이용자가 선택할 음악이나 영화, TV 프로그램, 가방이나 컴퓨터 등의 상품을 미리 결정해 추천해 준다. 곧, 이용자는 사고와 인지가 결여된 상태에서 자신도 모르는 사이에 성향이 규정되고 조장되는 것이다(Hayles, 2017; Shaviro, 2015).

스티글레르(Stiegler, 2010)에 따르면, 인공지능과 빅데이터 알고리즘을 통해 인간의 사고 능력을 박탈하는 이러한 현상을 개인의 빈곤화(pauperization) 혹은 프롤레타리아화(proletarianization)로 규정하기도 한다. 이처럼 소비자 개인을 프롤레타리아화함으로써 네그리와 하트(Negri & Hardt, 2000)가 말하는 '제국(Empire)'으로서의 글로벌 기업의 지배력은 커져 간다.

인공지능과 분인화

디지털 자본주의에서 개인은 원자화보다 분인화가 더 문제적이다. 원자화는 개인으로 하여금 사회적 이슈에 무관심하게 만들어 결집과 저항을 막는 것에 그치지만, 분인화는 자본이 개인을 취향이나 성향 혹은 정동별로 분할해 동원하면서 지배하는 수단이 되기 때문이다.

개인은 영어 표현 그대로 '나눌 수 없는 존재(individuum)'로 인식되었다. 공동체주의와 개인주의의 대립에서 개인주의는 종종 공동체의 가치를 훼손하는 것으로 인정되었지만, 집단주의와 개인주의의 대립에서 개인주의는 개인의 가치를 우선하고 집단주의의 다수 독재를 방지하는 이념으로 이해되었다. 어느 쪽 이해 방식이든 개인은 더 이상 쪼갤 수 없는 사회적 단위로 간주되었다. 하지만 디지털 자본주의에서 개인은 분할 가능한 것으로 드러났고, 그 분할체(dividuum)를 인간에게 적용할 때 우리는 '분인'으로 해석한다. 디지털 자본주의에서 이 분인화 현상을 급속도로 심화한 것이 제4차 산업 혁명으로 상징되는 인공지능의 등장이다.

하지만 분인은 어디까지나 데이터를 통해 규정되는 단위임은 분명하다(Männig, 2017). 끝없는 데이터 연결의 흐름 속에 '숨겨진' 상태로 존재한다(Hietanen et al., 2022). 분인은 인터뷰할 수도 없고, 함께 걸을 수도 없으며, 어깨 걸고 모일 수도 없다. 분인은 단지 상호 작용의 수단이자 행위일 뿐, 행위자가 아니다. 그런 이유로 히에

타넨(Hietanen et al., 2022)은 분인을 다룰 때 해석할 것은 아무것도 없고 단지 연결하고 확산할 뿐이라고 한다. 클루레이와 브라운(Cluley & Brown, 2015)도 분인은 '소비자가 누구인지뿐만 아니라 무엇인지도 변화시킨다'고 언급하면서도, 자체의 존재나 정체성을 가지지 않는 사이보그적 경향을 나타낸다고 인식한다. 규율 사회의 개인화는 개인을 가시화하는 데 중점을 두었다면, 통제 사회의 분인화는 통제의 창조물로서 특정한 역사적 순간을 정의하는 '상태'가 아니라 사회적 안정을 강제하기 위한 '인식 모드'이기도 하다(Hietanen et al., 2022).

한편 분인화 현상에서 새로운 참여 유형의 계기를 보고 적극적으로 분인을 주체로 세우려는 입장도 있다. 예를 들어 오토(Otto, 2024)는 "'개인'이라는 나눠지지 않는 존재로서의 자기 이해나 오해를 올바로 인식하고, 그에 따르는 모든 결과를 포함하여 다중(多重) 얽힘과 공유됨을 나타내고 강화하는 명칭으로 대체해야 한다"고 주장하며 '분인' 개념을 적극적으로 제안한다. 들뢰즈가 분인을 통제 사회의 비판적 현상을 지칭하는 용어로 사용했다면, 오토는 분인을 개인과 개인주의의 한계를 극복할 수 있는 대안 개념으로 사용한 것이다.

오토는 이어서 더 이상 분할할 수 없는 상태로서 완전

하게 개체화되고 원자화되는 개인화와 달리 과정 중심적이고 참여 지향적으로 전환하는 현상으로 '분인화(dividuation)' 개념을 이해한다. 질적으로 다양한 과정과 필연적으로 얽혀 있으며, 이러한 과정에 의해 형성되고 항상 참여자가 된다는 인식을 촉진할 수 있는 것이 분인화라는 것이다. 다만 그도 디지털 자본주의가 분인화를 어떻게 이용하는지를 놓치지 않고, '디지털 포섭'과 같은 자본의 이윤 추구 과정에 "본의 아니게" 노출되므로 "가능한 한 의식적으로 인식하고 조율해 필요할 경우 제한하려고 항상 노력해야 한다"고 덧붙인다.

그러나 분인과 개인은 상호 배타적인 개념이 아니다. 개인이 집단이나 공동체와 대립적인 개념인 것은 사실이다. 하지만 이 경우도 그 가치의 토대를 구별하기 위해 대립적인 존재로 설정하는 것일 뿐이다. 개인이나 개인주의를 논할 때도 사회를 벗어난 개인을 상정하지 않는다. 사회 과학이나 사회 철학적 논의에서는 더욱 그럴 수밖에 없다. 콜웰(Colwell, 1996)이 개인성과 분인성을 모두 위협이라고 간주하면서도 특정 목적을 위한 구성물로서 사회적 형성에서 계속 공존하리라고 본 것도 이러한 맥락이다.

개인이 공동체 내의 존재이듯 분인은 개인 안의 인식

론적 · 추상적 존재다. 개인성과 분인성을 모두 위협이라고 보는 것도 적절하지 않고, 분인성에서 새로운 참여와 희망만을 기대하는 것도 편향적 판단이다. 분인은 기존의 개인이 분할되는 하나의 현상일 뿐이다. 그러므로 분인은 인공지능을 이용한 디지털 자본이 개인이라는 가시적 실체를 통제하는 수단으로 작동할 수도 있고, 개인을 정동적 참여로 이끌어 내는 계기가 될 수도 있다.

참고문헌

이재현(2023). 『인공지능과 알고리듬 사회』. 컴북스캠퍼스.

Cluley, R. & Brown, S. D.(2015). The dividualised consumer: Sketching the new mask of the consumer. *Journal of Marketing Management, 31*(1/2), pp.107-122.

Coeckelbergh, M.(2022). *The political philosophy of AI.* Polity Press. 배현석 옮김(2023). 『인공지능은 왜 정치적일 수밖에 없는가』. 생각이음.

Colwell, C.(1996). Discipline and control: Butler and Deleuze on individuality and dividuality. *Philosophy Today, 40*(1), pp.211-216.

Deleuze, G.(1990). Post-scriptum sur les sociétés de contrôle. *L'Autre Journal, 1.* Trans. by M. Joughin(1992). Postscript on the societies of control. *October, 59*, pp.3-7.

Hayles, N. K.(2017). *Unthought: The power of the cognitive nonconscious.* Chicago: The University of Chicago Press.

Hietanen, J., et al.(2022). The 'dividual' is semiocapitalist consumer culture. *Journal of Marketing Management, 38*(1/2), pp.165-181.

Karppi, T., et al.(2016). Affective capitalism: Investments and investigations. *Ephemera: Theory & Politics in Organization, 16*(4), pp.1-13.

Männig, M.(2017.4.24). Dividuum statt Individuum. *Pop-Zeitschrift.de*, https://pop-zeitschrift.de/2017/04/24/social-media-aprilvon-maria-maennig24-4-2017

Negri, A. & Hardt, M.(2000). *Empire*. Cambridge. Mass.: Harvard University Press.

Otto, M.(2024.2.4). Veränderte Selbstverständnisse. Plädoyer für eine Neubenennung der Person. *Geschichte der Gegenwart*, https://geschichtedergegenwart.ch/veraenderte-selbstverstaendnisse-plaedoyer-fuer-eine-neubenennung-der-person.

Shaviro, S.(2015). *Discognition*. London: Repeater Books.

Stiegler, B.(2009). *Pour une nouvelle critique de l'économie politique*. Éditions Galilée. Trans. by D. Ross(2010). *For a new critique of political economy*. Cambridge: Polity Press.

07
인공지능 사회의 분인과 대중

디지털 자본주의에서 개인은 분인으로 분할된 주체다. 분인의 대중화는 네트워크의 작동에 의해 무의식적으로 집단화되는 객체적 대중화나 분인이 개인 차원으로 통합해 의식적으로 결집하는 주체적 대중화로 나타난다. 분인화 시대의 대중에서 중요한 점은 대중이 '분인으로 분할된 개인들의 무리'라는 것과 대중의 결집 계기는 분인이 정동으로 전환될 때라는 것이다.

분할된 주체와 대중

넷플릭스 사례에서 보듯이 이재현(2019; 2023)은 분할과 공유를 근간으로 하는 예기적 서비스(anticipatory service)가 보편화되고 있다고 하면서 프랜차이즈라는 제국의 실재를 본다. 프랜차이즈 제국에서 개인은 분인으로 전환함으로써 종언을 고한다고 한다. 개인은 더 이상 결정 능력과 행위 능력을 가지고 도덕적 책임을 지는 주체가 아니다. 그러면서도 이재현은 개인을 주창하는 힘과 전략이 유력하게 작동하고 있다고 본다.

반면 백욱인(2023)은 분인 대신 분할체 개념을 사용하면서 분인과 개인이 만나고 조각 주체화하는 과정에 주목한다. 디지털 서비스 플랫폼은 데이터로 이뤄진 양적 자아와 질적 자아로 구성되는 디지털 자아를 구성함으로써 약관과 규약을 통해 맺어지는 디지털 자본주의적 사회관계를 만들어 낸다. 이때 이용자는 서비스를 무료로 이용하는 대가로 자신의 분인과 결과물을 플랫폼 자본에 양도하게 된다. 이 과정을 설명하기 위해 백욱인은 라차라토(Lazzarato, 2017)가 디지털 자본주의의 축적 체제에 확대 적용한, 들뢰즈와 가타리의 '기계적 예속(machinic enslavement)'과 '사회적 복종(social subjection)' 개념을 빌려 온다.

기계적 예속과 사회적 복종의 혼합태는 새로운 지배 체제를 형성하고 사람들의 계급 의식이나 비판적 사회 의식도 변화시킨다(백욱인, 2023). 디지털 지배 체제라고 할 수 있는 새로운 지배 체제에서 자본-노동의 계급 의식은 생활 세계 안의 이용자 의식이나 소비자 의식과 결합된 새로운 주체성의 형태로 나타난다고 한다. 개인은 자신의 목적을 위해 디지털 기술을 이용하지만, 그 과정에서 데이터화와 정보화의 대상이 되며, 데이터화 · 정보화에 의한 분인화는 사물화에 의한 개체화와 구분되면서도 하나의 순환 속에 통합된다.

이제 디지털 자본주의에서 개인은 분할되고, 통합된 기호와 상징물인 콘텐츠는 잘게 썰리며, 자산이 조각나고, 활동과 노동과 수입도 파편화되는데, 이 파편화는 디지털 기술을 통해 빅 데이터로 배열된다. 이 분인으로 이뤄진 데이터 세트가 개인에게 되먹여지면서 생각과 행태를 만드는 과정을 백욱인은 김예란(2022)의 개념을 원용해 '조각 주체화'로 부른다. 분인화를 의미하는, 개인의 수치적 조각화를 '분할체화'로 지칭하고, 분인으로 이뤄진 데이터 세트가 개인을 조각난 주체로 만드는 과정을 '조각 주체화'로 부른 것이다. 디지털 플랫폼의 기계적 예속과 사회적 복종은 바로 이러한 분인화와 조각 주체화의 결합을 통해 이루어진다. 이 결합된 존재와 성격을 각각 조각 주체화된 분인과 분인의 조각 주체성이라고 말할 수 있다. 환원하면 분할된 개인의 분할된 주체성을 의미한다.

그러면 분할된 주체성은 기계적 예속과 사회적 복종에 저항하고 거부해 낼 수 있을까. 백욱인도 이재현과 마찬가지로 그 가능성을 개인에게서 본다. 그가 본 것처럼, 분할된 개인으로부터 외부화되어 수치화된 분인은 플랫폼 기계의 배열 안에서 분자적으로 흐르다가 다른 분자와 매트릭스를 이뤄 새로운 정보 패턴이나 상품으로 변환된다. 그럼에도 개인은 사회적 차원에서 기계의 이용자나 소비자로 남아 독립적 존재로서 서비스를 이용하고 생산하는 주체다. 여기서 양면적 가능성이 생겨나는데, 개인은 사회적으로 예속되어 있음에도 틈새를 비집고 저항을 조직하거나 탈주할 수 있다. 이러한 판단은 제2세대 개인주의 이후에 등장해 제3세대 개인주의에서 발전한 정동적 다중을 떠올리게 한다.

정동적 다중과 연대

대중도 분인화 현상에서 영향을 받는다. 대중의 기본 단위인 개인이 변하기 때문이다. 개인이 조각난 주체 혹은 분할된 주체라면 대중도 그러한 주체로 파편화된다. 하지만 이때 파편화는 대중이라는 무리가 원자화된 개인으로 흩어진다는 의미가 아니라, 분할된 개인이 무리를 이룬다는 뜻이다. 분할된 개인은 분인에 따라 동원되고 행동한다. 이 동원과 행동이 사회적으로 이루어질 때 그 계기가 된 분인을 정동의 일종으로 볼 수 있다. 다시 말해 디지털 자본주의에서 등장한 새로운 대중은 정동적 대중이며, 이를 제2세대 개인주의 시기에 나타난 다중과 결합할 때 '정동적 다중'이라 부를 수 있다.

백욱인(2023)이 "다중은 파편화되고 다변화되었으나 무리가 될 수 있는 가능태의 개념"이라고 본 것드 같은 맥락이다. 분인으로 이뤄진 데이터 세트가 다시 몸을 가진 대중으로 바뀌는 순간은 개체가 데이터로 양화되는 게 아니라 육화되어 약동하는 순간이며, 개체가 데이터 세트의 피드백에서 벗어나 새로운 무리를 만드는 순간이라는 것이다. 공통의 분인 요소만으로도 다중은 무리를 지어 모일 수 있다. 단순화해 볼 때, 특정 분인 요소를 제외하고 다른 모든 요소가 다를지라도 그 공통성만으로 개인들은 대중 행동을 할 수 있다. 플래시 몹(flash mob)이 대표적 예인데, 촛불 집회와 응원봉 집회에서 증명되었듯이 이러한 현상은 정치적 이슈와 관련해서도 충분히 가능하다.

하지만 분인에 양면성이 있는 것처럼 분인으로 분할된 개인으로 이루어진 정동적 다중도 양면성을 갖는다. 백욱인(2023)은 분인으로 분할된 개인 혹은 분인으로 이루어진 무리를 '분중(分衆)'으로 표현하고 대중과 구분한다. 그에게 분중과 대중은 디지털 대중의 현실태와 가능태이며, 분중도 특정 사건을 맞아 더 큰 무더기로 결합한다. 하지만 이 책에서 대중은 '공통의 목표를 지향하는 다양한 사람들의 무리'라는 가치 중립적 개념으로 사용하므로 '분중'은 대중과 구분되는 별도의 존재가 아니라 디지털 사회의 대중 형태인 정동적 다중의 성격을 표현하는 개념으로 이해한다.

분인이 대중화되는 경우는 두 가지로 나눌 수 있다. 디지털 네트워크의 작동에 의해 무의식적으로 집단화된 객체적 대중이 그 하나이고, 분인이 개인 차원으로 통합되어 의식적으로 결집한 주체적 대중이 다른 하나다. 정동적 다중에서 중요한 것은 연대를 통한 주체적 대중화다. 하지만 그 주체적 대중화도 반드시 긍정적인 모습을 보이는 것만은 아니다.

오토(Otto, 2024)는 라우닉(Raunig, 2012)의 개념을 빌려 서로 연대하는 분인의 모습을 '공(共)-분인화

(con-dividuation)'라는 개념으로 설명한다. 이를 통해 분인화된 개인은 자본주의적 포섭에 저항할 수 있는 정치적 또는 예술적 앙상블을 이룰 수 있다는 것이다. 이탈리아 자율주의의 영향을 받은 테르라노바(Terranova, 2004)도 개인 차원이 아닌 분인 차원의 연대 가능성을 모색한다. 하트(Hardt)와 네그리(Negri)의 다중 개념에 근거해 테르라노바는 '대중(mass)과 분중(segments)이 공존하며 갈등, 변화하는 역동성'이 사회 정치의 핵심이라고 간주한다. 이때 대중은 합의, 통합, 통제, 조작을 함축한다면, 분중은 능동적 분화, 정치 투쟁, 저항, 실험을 함축한다. 특히 분중들로 이루어지는 '정동의 연대(solidarity of affects)'는 디지털 사회의 핵심적 저항 형식이 된다.

한편 이재현(2023)은 팬덤과 혐오 현상을 지적하며 정동의 연대보다 다소 작위적이지만 '공분인화'가 더 적절하다고 한다. 반면 백욱인(2023)은 정동이든 공분인이든 다중의 무리는 '지민(知民, smart mob)'과 '폭민(暴民, violent mob)'을 모두 포함한다고 본다. 앞 장에서 분인을 '추구해야 할 어떤 상태나 가치'가 아니라 현대 디지털 사회의 한 현상이라고 보았듯이, 공분인화도 역시 디지털 사회에 나타나는 집결 양상의 하나로 볼 필요가 있다. 물론 '연대'라는 개념은 대개 약자들의 연합으로서 올바름의 의미를 내포하지만, 정동은 분인과 마찬가지로 가치 중립적인 개념이다. 분인화 시대의 대중에서 봐야 할 중요한 지점은 대중이 '분인으로 분할된 개인들의 무리'라는 것과 이 대중의 결집 계기는 분인이 정동으로 전환될 때라는 것이다.

참고문헌

김예란(2022). '조각 주체'라는 이름의 플랫폼 호모 이코노미쿠스: 조각투자, 리셀 또는 조작난 정동. ≪커뮤니케이션 이론≫, 18(3), 54-97쪽.

백욱인(2023). 『인공지능 시대 인간의 조건』. 휴머니스트.

이재현(2019). 『인공지능 기술 비평』. 커뮤니케이션북스.

이재현(2023). 『인공지능과 알고리듬 사회』. 컴북스캠퍼스.

Lazzarato, M.(2014). *Signs and machines: Capitalism and the production of subjectivity*. Semiotext(e). 신병현 · 심성보 옮김(2017). 『기호와 기계: 기계적 예속 시대의 자본주의와 비기표적 기호계 주체성의 생산』. 갈무리.

Otto, M.(2024.2.4). Veränderte Selbstverständnisse. Plädoyer für eine Neubenennung der Person. *Geschichte der Gegenwart*, https://geschichtedergegenwart.ch/veraenderte-selbstverstaendnisse-plaedoyer-fuer-eine-neubenennung-der-person.

Raunig, G.(2012). Dividuum and condividuality. In A. Magun(Ed.), *Politics of the one: Concepts of the one and the many in contemporary thought*(pp.131-143). New York: Bloomsbury.

Terranova, T.(2004). *Network culture: Politics for the information age.* London & Ann Arbor, MI: Pluto Press.

08
인공지능 시대 새로운 개인주의로서 각인주의

포스트개인주의 시기의 '새로운' 개인주의는 '개인(각인)의 자유와 평등이 동시에 보장되는 개인주의'를 이어 나가되 분인화 현상에 대응할 수 있어야 한다. 이 '새로운' 개인주의를 '각인주의'라 하며, 각인주의는 '누구도 지배하지 않고, 아무도 지배받지 않는다'는 자치의 민주주의 원리에 부합한다. 이때 '각인'은 '모두'와 '누구나'의 의미를 담보한다.

개인주의와 분인주의

서문에서 개인주의의 역사를 고찰하면서 그 개념을 '가치의 근본을 개인에 두는 이념'이라고 정의했다. 그렇다면 개인은 무엇인가? 개인은 individum이라는 영어 표현과 그 라틴어 어원이 말해 주듯 '불가분의 단위'를 의미한다. 공동체든 집단이든 사회의 기본 단위로서 더 이상 쪼갤 수 없는 인간체를 말한다. 그러나 인공지능이 등장하면서 디지털 자본주의도 인지 자본주의나 정동 자본주의라고 부를 정도로 획기적으로 발전했을 뿐 아니라 그 성격도 변했다. 개인은 불가분의 인간체가 아니라 분인으로 분할된 주체일 뿐이다.

따라서 19세기 말~20세기 초 독일에서 지멜(Simmel, 1971)이 제기한 '새로운 개인주의'(차이와 단독성을 강조하는 질적 개인주의)와 비슷한 시기 미국에서 듀이(Dewey, 2008)가 제기한 '새로운 개인주의'(독립성보다 주체성을 중시하는 개인주의)를 넘어 21세기 초에 카림(Charim, 2019)이 제기한 '새로운 개인주의(다원주의적 제3세대 개인주의)'는 이제 분인 현상까지 고려해 또다시 새롭게 제기되어야 한다. 이 '새로운' 개인주의는 인공지능이 등장한 디지털 자본주의를 배경으로 하며, 그 핵심 지점은 분인화로 대표되는 포스트개인주의다.

들뢰즈(Deleuze, 1992)가 제기한 분인화가 2차 세계 대전 이후의 현대 사회를 통제 사회로 규정하면서 나타났다는 것은 흥미롭다. 오토(Otto, 2024)가 설명했듯이 1948년 유엔의 세계 인권 선언에서도 개인(the individual) 개념을 사용하지 않고 중립적 표현인 '모두(everyone)' 혹은 '아무도(no one)'라는 개념을 일관되게 사용하고 있다. 물론 이것은 '개인'이 역사적으로 타인에 대한 차별과 연결된 개념이라는 것에 대한 반성이기는 하다. 하지만 '개인'이라는 개념과 사회적 단위에 대한 부정이 이미 2차 세계 대전 직후부터 시작되었다는 것은 간과할 수 없는 부분이다.

자본주의 사회에서 개인주의가 소유적 개인주의로서 자유 민주주의의 숭고한 가치로 인식되어 온 것도 사실이다. 하지만 그 내용은 1960년대 말의 68혁명운동과 2000년대의 자발적 시위 · 집회를 통해 변해 왔다. 특히 들뢰즈가 일찍이 징후를 포착한 분인화 현상은 인공지능이 본격화된 2000년대 이후 더욱 가시화되어 사회적으로 중요한 이슈가 되었고 글로벌 자본의 핵심 공격 대상이자 수단이 되었다. 개인은 더 이상 쪼갤 수 없는 사회적 단위가 아니라 조각으로 나뉘어 공격받고 움직이는 분할된 주체로 인식되기 시작했다. 지금까지는 개인주의의 부정적 측면인 원자화된 개인에 의해 공동체가 붕괴되는 것을 염려했다면, 이제는 디지털화와 인공지능에 의해 조종되고 조장되는 분인으로 개인 자체가 파편화되는 것까지 염려해야 하는 포스트개인주의 시대가 도래한 것이다.

개인주의와 길항하는 개념으로 '분인주의'를 사용할 수 있다면 이재현(2023)의 구분에 따라 두 개념을 적절히 비교할 수 있다. 개인주의는 근대의 산물로서 휴머니즘을 고수하며 단일하고 고정적이며 중심적인 정체성을 요구하지만, 분인주의는 반인간중심주의로서 다중적이고 유동적이고 분선적인 정체성을 요구한다. 또한 개인주의는 근대적 미디어에 적합하고 주조를 통한 규율과 통제의 토대가 되는 반면, 분인주의는 뉴 미디어 혹은 포스트-미디어와 어울리고 변조를 통한 통제의 토대가 된다.

포스트휴머니즘이 회자되는 시기에 분인주의의 의미와 문제는 더욱 중요하게 다가온다. 이러한 분인주의 시기라면 개인주의는 단절과 초월의 대상이 된다. 하지만 분인이 인식론적 · 추상적 존재라는 점을 고려하면 개별적 사고와 사회적 행동의 주체는 여전히 개인이라는 점을 부정할 수 없다. 그러므로 개인주의를 초월한 분인주의를 제기하기보다 개인주의와 단절하고 개인주의를 초월해 나가면서도 개인주의를 잇는 포스트개인주의로 표현하되 다시 한번 '새로운' 개인주의를 모색하는 것이 적절할 것이다.

새로운 개인주의로서의 각인주의

포스트개인주의 시기의 '새로운' 개인주의는 '개인의 자유와 평등이 동시에 보장되는 개인주의'를 이어 나가되 분인화 현상에 대응할 수 있어야 한다. '새로움'을 담은 개인주의로 '포스트개인주의' 개념을 사용하는 것도 가능하다. '새로운 개인주의'라는 개념의 인플레이션과 '새로운'의 의미가 구체적이지 못한 점을 고려할 때 '포스트개인주의'는 적절한 표현일 수 있다. 하지만 포스트개인주의는 포스트휴머니즘과 분인화까지 담아내기에는 한계가 있다. 또한 개인주의 자체가 긍정적 의미와 부정적 의미를 동시에 안고 있을 뿐 아니라 부정적 의미로 인식되는 경우가 더 많다는 사실도 유념할 필요가 있다.

포스트개인주의는 본격적으로 도래할 포스트휴머니즘 시대를 앞둔 시점에서 개인 중심적 사고를 벗어나는 시도라는 점에서 중요한 의미를 갖는다. 하지만 그 개인이라는 의미는 여전히 집단이나 공동체와 대립되는 뉘

앙스를 벗어나지 못한다. 따라서 새로운 개인주의로 출발하되 포스트개인주의도 넘어설 새로운 개념이 필요하다. 임시적으로 '새로운 개인주의'라는 단어를 사용하면서 그 내용을 담보하는 개념으로 '각인주의(各人主義)'를 제안한다. 이때 각인은 '누구도 지배하지 않고, 아무도 지배받지 않는다'는 자치의 민주주의 원리에 부합한다. '개인이 자유롭고 평등하다'는 것이 아니라 '각인이 자유롭고 평등하다'는 의미다. 앞서 유엔 헌장의 예에서 본 것처럼 개인은 '모두'와 '누구나'의 의미를 담보하지 못하지만 '각인'은 '모두'와 '누구나'의 의미를 담보할 수 있다. '각인'은 '각각의 개인'을 의미하기 때문이다.

진태원(2020)이 주류 자유주의에 대한 비판과 페미니즘 규범 이론의 새로운 모색에서 출발해 최근 서양 학계에서 광범위한 호응을 얻고 있다고 소개한 관계적 자율성 이론도 각인주의에 포괄될 수 있다. 관계적 자율성 이론에 따르면, 각인의 자기 결정(스스로 자신의 일을 결정할 수 있는 권리)과 자기 통치(타인의 간섭이나 지배 없이 스스로 행위하고 존재할 수 있는 능력), 자기 권위화(사회적 규범이나 관습에 구속되지 않고 독자적으로 자신을 평가하려는 태도)를 위해 각각의 개인을 관계적 개인으로 이해하는 것이 본질적이기 때문이다.

결국 시장에 대한 옹호로 이어져 일정한 한계가 있지만, 스스로 개인주의에 대한 반증으로 보일 수도 있다고 하며 '급진적 개인주의'를 주장한 매크(Mack, 1999)의 입장도 유사하다. 그가 말하는 '개인주의적 정신'은 자신의 행복을 추구하는 태도와 다른 사람의 권리를 존중하여 자신의 행복 추구를 제한하는 태도를 동시에 포함하는 것이다. 각 개인이 자신의 행복을 궁극적 가치로 여기지만, 다른 사람들도 자신의 행복을 추구할 권리가 있다고 믿는 것 사이에 자연스러운 연결이 있어야 유익한 상호 관계가 형성될 수 있다는 얘기다. 이것을 자유와 평등의 문제로 환원하면 각인에게 평등한 자유와 자유로운 평등을 함께 보장하지 않는 한 바람직한 상호 관계와 사회 질서는 형성되지 않는다고 할 수 있다.

이처럼 자유롭고 평등하며 자율적이고 상호적인 각인은 자신 안에 분할된 존재인 분인들을 통합한 주체로서 스스로 설 수 있게 된다. 물론 구조적 요인도 각인에 심대한 영향을 미치는 요소다. 다만 이 글에서는 구조적 요인을 별도로 다루지 않고 위와 같은 각인의 조건을 규명하는 데 만족하고자 한다.

물론 포스트개인주의 시대의 '새로운' 개인주의로 제시한 각인주의가 기존의 개인주의를 소환하는 것은 사실이다. 하지만 그것은 '이기적 개인주의'나 '원자화된 개인주의' 등 부정적 수식어를 붙이지 않는 한에서 그럴 뿐이다. individuum(the individual), indivudualism과 구별하기 위해 라틴어 어원에 따른 영어식 표기로 굳이 표현하자면, 각인은 respetivum(the respective), 각인주의는 respectivism 정도가 될 것이다.

참고문헌

이재현(2023). 『인공지능과 알고리듬 사회』. 컴북스캠퍼스.

진태원(2020). 코기토, 소유적 개인주의, 예속적 주체화: 서양 근대에서 개인과 개인주의. ≪민족문화연구≫, 89호, 13-43쪽.

Charim, I.(2018). *Ich und die Anderen. Wie die neue Pluralisierung uns alle verändert.* Paul Zsolnay Verlag. 이승희 옮김(2019). 『나와 타자들』. 민음사.

Deleuze, G.(1990). Post-scriptum sur les sociétés de contrôle. *L'Autre Journal, 1.* Trans. by M. Joughin(1992). Postscript on the societies of control. *October, 59,* pp.3-7.

Dewey, J.(2008). Individualism, old and new. In J. A. Boydston(Ed.). *The collected works of John Dewey: The Later Works 1929~1930.* Vol. 5(pp.41-123). Carbondale, IL: Southern Illinois University Press.

Mack, E.(1999). In defense of individualism. *Ethical Theory and Moral Practice,* 2, pp.87-115.

Otto, M.(2024.2.4). Veränderte Selbstverständnisse. Plädoyer für eine Neubenennung der Person. *Geschichte der Gegenwart,* https://geschichtedergegenwart.ch/veraenderte-selbstversta

endnisse-plaedoyer-fuer-eine-neubenennung-der-person
Simmel, G.(1971). *On individuality and social forms. Selected Writings.* D. Levine(Ed.). Chicago: The University of Chicago Press.

09
인공지능 시대의 자유와 평등 및 공정과 정의

정의는 각인의 자유와 평등이 동시에 보장되는 민주주의 질서라는 기본 이념을 구현하는 것이며, 공정은 이 정의가 공적 · 공동체적으로 투명하고 올바르게 구현되는 것이다. 이 정의와 공정이 보장되지 않으면, 인공지능에 대한 접근 기회의 자유와 평등이 이루어질 수 없으므로 그 기회가 적은 사람일수록 덜 자유롭고 덜 평등하게 될 것이다.

인공지능 시대의 자유와 평등

민주주의에서 자유와 평등은 충돌하는 가치가 아니다. 자본주의 사회의 자유 민주주의는 자유주의를 목적으로 보고 민주주의를 수단으로 보는 반면, 현실 사회주의 사회의 인민 민주주의는 평등을 위해 민주주의를 수단으로 본다. 다시 말해 전자는 자유를 위해 평등을 희생하며, 후자는 평등을 위해 자유를 희생한다. 자유 민주주의에서는 가진 자가 더 자유롭고, 인민 민주주의에서는 힘 있는 자가 더 평등하다. 하지만 진정한 민주주의에서는 평등한 각인이 자유롭고 자유로운 각인이 평등해야 한다.

인공지능 시대에도 마찬가지다. 문제적인 것은 코켈버그(Coeckelbergh, 2023)의 책 제목 『인공지능은 왜 정치적일 수밖에 없는가』처럼 인공지능은 그 자체로 정치적이라는 사실이다. 그것은 막대한 개발비와 생산비 때문만은 아니다. 인공지능 자체가 인간 의식과 사회 구조의 편향을 반영하기 때문이다. 인공지능이 위협하는 가치는 일차적으로 자유보다는 평등이다. 하지만 그것은 논리적 순서일 뿐 현실에서 불평등은 부자유와 동시에 일어난다. 평등이 침해되는 순간 불평등의 피해를 보는 사람은 이익을 보는 사람에 비해 자유가 줄어들기 때문이다. 코켈버그는 노동자를 기계로 대체하여 인간을 노동에서 해방한다고 하더라도 보편적 기본 소득 등의 조치를 통해 현재의 불평등한 구조를 바꾸지 않는 한, 불평등과 차별이 오히려 더 커질 것이라고 한다. 불평등이 커지면 소수자와 약자에게는 부자유도 커진다.

미국 위스콘신(Wisconsin)주의 컴퍼스(COMPAS) 알고리즘 사건은 인공지능 편향의 대표적 사례로 거론된다(Coeckelbergh, 2023). 보호 관찰에 관한 결정을 내리기 위해 사용했던 위험 평가 시스템인 이 컴퓨터 프로그램은 재범 위험(재범 경향)을 측정했다. 그런데 흑인 피고인에게서 실제 사례보다 재범 위험이 더 높다고 본 반면, 백인 피고인에게서는 반대로 재범 위험이 상대적으로 낮다고 예측했다. 기존 사건 데이터로 학습함으로써 기존의 편향을 재생산하고 심지어 강화한 결과를 초래한 것이다. 성차별도 예외가 아니며, 그 밖에도 유사한 사례가 적지 않게 보고되고 있다.

불평등으로 인해 침해되는 보편적 자유를 차치하고 정치 참여와 정치적 자치에 자유를 한정해서 보더라도 인공지능은 정치적이다. 인공지능 같은 기술이 인간 생활과 정치에 미치는 영향이 지대하다는 것은 잘 알려져 있다. 전자 투표를 뛰어넘는 효율성과 기타 많은 유익한 측면에도 불구하고 이용자가 기술에 대한 결정권을 가지지 못한다면 기술의 미래는 민주적일 수 없다. 지금까지와는 사뭇 다른, 상상 이상의 통제 사회와 파놉티콘이라는 어두운 미래가 기다리고 있을 뿐이다.

샌델(Sandel, 2008)은 자유주의적 자유와 공화주의적 자유를 잘 비교한 바 있다. 자유주의자의 논리에 따르면 자유는 자치에 대한 하나의 제약으로 정의된다. 어떤 개인이든 일정한 대다수의 의사 결정으로부터 자신의 면책을 보장하는 권리의 담지자인 한에서 그는 자유롭다고 보기 때문이다. 반면 공화주의 견해에 의하면 자유는 자치의 결과로 이해된다. 한 개인이 자신의 운명을 지배하는 정치 공동체의 일원이며, 그 공동체의 직무를 관장하는 의사 결정 참여자인 한에서 그는 자유롭다고 보기 때문이다. 어느 견해에서 보든 인공지능은 기술적 투명성과 결정권이 보장되지 않으면 그 효용만큼이나 심대한 자유 침해를 초래할 수 있다.

평등과 관련해서도 기회의 평등과 결과의 평등 사이의 갈등이 존재한다(Béteille, 1986). 두 가지 평등 사이의 균형을 찾으려는 사람들이 있는 반면, 결과의 평등을 기회 균등의 적이라고 보는 사람들(Joseph & Sumption, 1979)도 있다. 기회의 평등을 주장하는 사람들은 특정 시기의 특정 대상에 대한 기회 자체가 기존 불평등 구조의 산물이라는 사실을 지적하지 않는다. 특정 시기 특정 대상에 대해 불평등한 기회 구조를 시정하는 것은 이전에 진행된 분배(결과)의 평등에 속하기 때문이다. 하지만 이 논리에 따르더라도 이 특정 시기 특정 대상에 대한 기회의 평등도 성립하지 못한다. 그들의 자가당착은 오히려 기회의 평등과 분배(결과)의 평등이 분리되지 않는다는 것을 방증한다. 결국 현재의 불평등 구조를 시정해 분배(결과)의 평등을 이루지 않는다면 인공지능에 대한 접근 기회의 자유와 평등도 이루어질 수 없고, 그 결과 인공지능에 대한 접근 기회가 높은 사람일수록 더 자유롭고 더 평등하게 된다.

인공지능 시대의 정의와 공정

정의(正義)는 기본 이념을 구현하는 것이다. 각인의 자유와 평등이 동시에 보장되는 민주주의가 바람직한 사회의 기본 이념이라면, 이 이념을 구현하는 것이 정의다. 그러므로 이 이념의 구현을 방해하는 것은 불의이며, 이 이념의 구현을 방해하거나 게을리하는 것은 비정의다.

롤스(Rawls, 2016)에 따르면, 정의의 근본 요건(관념)은 자유롭고 평등한 시민이 존재하고 이들이 무지의 베일(veil of ignorance)이라는 원초적 입장에서 규칙을 정하는 것이다. 사실 무지의 베일이라는 설정은 이미 이루어진 구조 안에서는 성립이 불가능하다. 반면 자유롭고 평등한 주체들이라는 설정은 지속적인 노력을 통해 이루어 나갈 수 있는 가정이다. 롤스는 사회의 최소 수혜자들(the least-advantages members)의 최대 이익에 부합해야 한다는 차등의 원칙(difference principle)도 제시한다. 이 원칙 또한 최소 수혜자들이 존재한다는 구조적 불평등을 인정하고 있어 첫 번째 근본 요건과 충돌한다는 지적이 가능하다. 하지만 목표를 최소화할 때 첫 번째 근본 요건과 차등의 원칙은 특히 인공지능 시대에 이루어 나가야 할 가치들이다.

공정은 정의가 공적(公的)이고 공동체적(共同體的)으로 투명하고 올바르게 구현되는 것이다. 공적이라는 의미는 사적(私的) 차원에 그치지 않는다는 것이며, 공동체적이라는 의미는 공동체 전체에 어울린다는 것이다. 두 개념은 내용적으로 다르지 않다고 볼 수 있다. 이러한 공정 개념에 따르면, 정의 구현을 방해하는 것이 불공정이며, 정의 구현을 방해하거나 정의 구현에 기여하지 않는 것이 비공정이다.

인공지능 시대에 각인의 자유와 평등을 동시에 보장

하는 민주주의를 구현하는 방법은 무엇일까? 이 질문은 인공지능 시대의 정의는 무엇인가라는 물음과 같다. 앞의 컴퍼스 사례는 평등을 침해함으로써 그 피해자인 흑인의 자유를 제한했으므로 불의에 해당하며, 불의를 행했으므로 불공정에 해당한다.

인공지능에 의한 불공정의 다른 사례로 독일의 오픈슈파(OpenSchufa)를 들 수 있다(이선구, 2021). 신용 평가 회사인 슈파(Schufa)가 오픈슈파라는 인공지능을 사용해 9500개 기업과 210만 명의 신용을 평가했는데, 평가 과정이 공정하지 않다는 우려가 제기되었다. 평가 결과가 올바르지 않다는 점도 문제였지만, 그 과정이 투명하지 않게 진행됨으로써 수많은 시민이 불안감을 느끼게 된 것 자체도 중요했다. 결국 편향된 결정과 불투명한 과정이 불공정을 초래한 사례로 꼽히게 되었다.

러셀과 노빅(Russell & Norvig, 2021)은 인공지능 시대에 갖춰야 할 공정성의 기준을 여섯 가지로 제시한다. 개인 공정성, 집단 공정성, 무인지를 통한 공정성(fairness through unawareness), 결과의 평등, 기회의 평등, 영향의 평등(equal impact)이 그것이다. 이 중 무인지를 통한 공정성은 데이터 집합에서 인종 특성과 성별 특성을 삭제하더라도 다른 연관 변수들로 잠재 변수

(인종, 성별)를 예측함으로써 역시 편향이 생길 수 있음을 지적하는 기준이며, 영향의 평등은 기대 효용이 같아야 한다는 것으로 기회의 평등보다 우월한 개념이다. 개인과 집단을 구체적으로 지적해 차별을 경고하고, 결과의 평등과 기회의 평등뿐만 아니라 영향의 평등까지 망라해 인공지능의 문제점을 치밀하게 파악한 적절한 기준이라고 할 수 있다.

참고문헌

이선구(2021). 법적 관점에서 바라본 설명가능성: GDPR의 정보제공의무를 중심으로. 고학수 외, 『인공지능 원론: 설명가능성을 중심으로』(163-191쪽). 박영사.

Béteille, A.(1986). Individualism and equality. *Current Anthropology, 27*(2), pp.121-128.

Coeckelbergh, M.(2022). *The political philosophy of AI.* Polity Press. 배현석 옮김(2023). 『인공지능은 왜 정치적일 수밖에 없는가』. 생각이음.

Joseph, K. & Sumption, J.(1979). *Equality.* London: John Murray.

Rawls, J.(2001). *Justice as fairness: A restatement.* Harvard University Press. 김주희 옮김(2016). 『공정으로서의 정의: 재서술』. 이학사.

Russell, S. & Norvig, P.(2021). *Artificial Intelligence: A modern approach.* 4th Edition. Pearson Education, Inc.. 류광 옮김(2021). 『인공지능: 현대적 접근방식 2』. 제이펍.

Sandel, M.. 김선욱 외 옮김(2008). 『공동체주의와 공공성』, 철학과현실사.

10
포스트휴먼 시대 대중 사회의 미래

원자화된 개인은 다시 분할됨으로써
인공지능에 잠식되고 사고 능력을 상실한 채
자본에게 사육당하는 이윤 창출 도구가 될 수
있다. 투명성과 설명 가능성, 동등한 접근
기회와 시민 결정권, 주체적 각인의 확립을 통해
인공지능을 민주적으로 통제하고, 포스트휴먼
사회가 기술 · 동물 · 인간이 공진화하는
기술-생태적 공간임을 인정할 필요가 있다.

구글 최고 경영자 순다르 피차이(Sundar Pichai)는 2018년 세계경제포럼(World Economic Forum, WEF) 연설에서 인공지능이 산업에 미치는 영향이 엄청날 것으로 전망했다. 글로벌 컨설팅 업체 프라이스워터하우스쿠퍼스(PricewaterhouseCoopers, PWC)도 2017년 보고서에서 2030년 기준으로 전 세계 GDP가 약 14%(약 15조 7000억 US달러) 증가하리라고 예측했다(안병훈 · 김영배, 2020).

인공지능의 영향은 한국에서 더 크다. 국제로봇연맹(International Federation of Robotics: IFR)의 『2024년도 세계 로봇 공학 보고서(World Robotics Industrial Robots 2024)』에 따르면, 한국은 산업형 로봇 밀도가 가장 높기 때문이다(곽노필, 2024). 2023년 한국의 노동자 1만 명당 산업형 로봇 수는 1012대로 세계 평균 162대에 비해 여섯 배가 넘고 2위인 싱가포르의 770대에 비해서도 압도적으로 높다.

인공지능의 발달도 눈부실 정도다. 2017년 알파고 제로(AlphaGo Zero)가 이세돌을 이긴 알파고를 3일 만에 넘어섰고, 알파 제로(Alpha Zero)가 다시 알파고 제로를 이겼다. 인공지능 로봇 소피아(Sophia)가 시민권을 획득했으며, 대화형 인공지능(ChatGPT 등)은 인간 이상의 번역 기능과 글쓰기 능력을 보유하고 있다. 커즈와일(Kurzweil, 2007)의 특이점(singularity)은 이미 도래했고, 포스트휴먼의 시대가 도래하고 있다. 대중이 주권을 가진 사회를 대중 사회라고 할 때, 포스트휴먼 시대의 대중 사회는 어떤 모습이며 어떻게 변해야 할까?

적지 않은 사람이 인공지능이 민주주의를 위협한다고 경고한다. 예를 들어 주보프(Zuboff, 2019)는 대중의 행동 수정 기법을 이용하는 감시 자본주의가 개인의 자율성과 자주권을 박탈하기 때문에 민주주의를 위협한다고 주장한다. 하라리(Harari, 2015)도 데이터의 양과 속도가 급격하게 증가하기 때문에 선거, 정당, 의회 같은 제도가 따라잡을 수 없다고 염려한다. 민주적 대중 사회가 붕괴하고, 원자화되고 분할된 개인이 인공지능에 지배당한다는 우려들이다.

하지만 주보프를 포함해 코켈버그(Coeckelbergh, 2023) 등 민주주의를 통한 개혁과 진보가 가능하다고 믿는 사람도 적지 않다. 물론 이들도 인공지능을 낙관적으로만 보지는 않는다. 트랜스휴머니스트는 인간의 신체적 능력을 무한히 확장한 새로운 인류의 탄생을 기대하지만 그것이 공동체의 구조와 인간 상호 관계에 미칠 영향에는 주목하지 않는다. 이들과 달리 페르란도(Ferrando, 2021) 같은 비판적 포스트휴머니스트는 사회 구조와 인간 상호 관계에 미치는 영향을 걱정하면서 인간 중심주의를 넘어 더 조화로운 공동체를 그린다.

비판적 포스트휴머니스트는 인공지능이 게임 자체를 변형하고 정치 작동 조건을 바꾼다는 사실에 주목한다. 인공지능은 거대 기업에 의해 지배되고 있으며, 그 초인적 능력은 민주적 통제를 완전히 벗어나 있다(Coeckelbergh, 2023). 크라우치(Crouch, 2008)가 예고한 대로 거대 기업이 정치와 제도를 지배하는 포스트민주주의(post-democracy)의 위기가 더욱 강화된다. 구글, 아마존 등의 초국적 자본이 인공지능을 장악하고 민주적 통제가 작동하지 않는다면 포스트휴먼 시대를 누가 지배할 것인가는 이론적 질문이나 언어적 표현일 뿐이다. 그리고 이러한 구조는 인공지능과 포스트휴먼을 다루는 SF 영화에서 자주 보듯이 과두제나 전체주의로 연결된다. 인공지능이 민주적으로 통제될 수 있을까? 그러면 어떤 방식으로 통제되어야 하며, 포스트휴먼 사회의 민주주의는 어떤 요건을 갖춰야 할까?

민주적 포스트휴먼 사회의 요건

포스트휴먼 사회를 민주적으로 운영하기 위한 요건은 기술적 차원과 사회(공동체)적 차원 및 개인적 차원으로 나눌 수 있다. 기술적 차원은 인공지능이라는 초인적 능력을 가진 기술에 대한 윤리와 요건이라면, 사회(공동체)적 차원은 구성원들의 민주적 관계를 규정할 구조에 대한 요건을 말한다. 이때 괄호에 '공동체'를 병기한 것은 사회가 단순히 개인들의 집단이 아니라 구성원들의 상호 관계임을 강조하기 위해서다. 그리고 개인적 차원은 공동체 구성원들의 의식을 의미한다. 개인적 차원을 마지막으로 언급한 것은 분인 현상에 대한 대응을 위해 주체로서의 각인(各人)을 강조할 필요가 있기 때문이다.

먼저 기술적 차원에서 자주 인용되는 인공지능 윤리 원칙들은 안전성 보장, 책무성(책임 소재) 확보, 공정성 보장, 인권 및 인간적 가치의 옹호, 개인 정보 보호, 다양성 · 포용성 반영, 협동 장려, 권력 집중의 회피, 투명성 제공, 법적 · 정치적 함의에 대한 인식, 인공지능의 유해한 용도의 제한, 고용 관련 함의에 대한 고려 등이다(Russell & Norvig, 2021). 이 중에서 사전 통제 방식으로 특히 중요한 것은 설명 가능성이다. 미국 국립표준기술연구소(National Institute of Standards and Technology,

NIST)는 설명 가능성의 원칙으로 ① 설명의 제공, ② 의미 있는 설명의 제공(이용자에게 의미 있는 설명을 제공), ③ 정확한 설명의 제공, ④ 지식의 한계를 고려한 설명의 제공을 제시했다(고학수, 2021). 러셀과 노빅(Russell & Norvig, 2021)도 위의 윤리 원칙을 제시한 후 신뢰와 투명성을 위한 방법으로 ① 확인 및 검증(verification and validation), ② 인증(certification: 국제표준화 기구들의 인증을 활용), ③ 투명성 확보, ④ 설명 가능 인공지능[XAI(explainable AI): 자신을 설명할 수 있는 인공지능 시스템] 도입을 덧붙였다. 투명성 확보를 다시 한번 강조하는 동시에 인간과 사회에 심각한 영향을 미칠 수 있는 인공지능의 경우에는 설명을 알기 쉽고 정확하게 제공하는 방식으로 개발할 것을 권고한 것이다.

사회(공동체)적 차원의 요건은 인공지능에 대한 동등한 접근 기회와 기술에 대한 시민 결정권의 보장이 핵심이다. 인공지능에 대한 동등한 접근 기회의 보장은 접근 기회를 공개하거나 다른 개인적 · 사회적 배경에 따른 차별을 하지 않는 것만으로는 이룰 수 없다. '기울어진 운동장'이라는 표현에서 보듯이 이미 우리 사회에는 개인적 · 사회적 배경에 따른 구조적 불평등이 존재한다.

이 구조적 불평등을 시정해야 접근 기회의 진정한 평등이 보장될 수 있다. 특히 자본주의 사회에서는 경제적 불평등이 가장 심각하므로 기본 소득제 도입 등을 통해 시정해야 한다. 거대 플랫폼 기업들이 이용자의 활동 결과물을 공짜로 사용했으므로 이용자들에게 소득을 지불하라는 요구가 이미 제시되기 시작했다(백욱인, 2023). 로봇세나 인공지능세를 통해 기본 소득 기금을 만드는 것도 한 방법이다.

인간의 생명이 걸린 자율 주행차, 의료 인공지능 등에서 오류가 생기면 그 영향은 치명적이다. 이윤 추구를 목표로 하는 사회 구조에서 이것을 근본적으로 막을 방법은 없다. 하지만 적어도 기술적 투명성을 전제로 시민들이 기술의 개발과 운영에 대한 결정권을 갖는다면 상당한 민주적 통제가 가능하다.

디지털 자본주의 사회에서 분인화 현상은 이미 시작되었고, 인공지능 시대에 그것은 더욱 심화하고 있다. 원자화된 개인이 다시 분할됨으로써 인공지능에 잠식된다. 이렇게 분할된 개인은 사고 능력을 상실한 채 자본에 사육당하며 이윤을 창출하는 도구가 될 수 있다. 이러한 개인들로 구성된 객체적 대중화를 막고 자신의 분인들을 통합하고 연대적 정동으로 이끌어 낼 수 있는 주체적 대중화를 이뤄 내야 한다. 그 개인적 차원의 대안이 각인주의(各人主義)다. 민주적 대중 사회는 각인의 자유와 평등이 동시에 보장되는 사회라는 점을 인식하고 각인 자신을 주체로 의식해야 한다.

더 나아가 각인주의의 '각인(repectivum, 各體)'은 인간만을 의미하지 않는다. 포스트휴먼 사회는 인간, 동물, 기술적 존재가 함께 살아가고 공진화하는 기술-생태적 공간임을 받아들일 필요가 있다. 로봇이나 인공지능을 단순히 노예처럼 부린다면, 그 사람도 인간성으로부터 소외된 존재가 된다. 이때 '인간성'은 기술-생태적 공간의 한 주체로서의 품격을 의미할 뿐만 아니라 측은지심을 가진 보편적 인간성의 성격도 의미한다. 우리가 동물권을 인정하는 것이 동물이 인간과 유사해서가 아닌 것처럼, 포스트휴먼 시대의 기술적 존재도 인간과 유사하기 때문에 공동 주체로 인정하는 것이 아니다. 사회와 자연이 인간과 비인간의 이원론적 구별을 넘어 공진화함을 인식하는 것이다.

참고문헌

고학수(2021). 설명가능성을 넘어: 신뢰할 수 있는 인공지능을 위한 과제. 고학수 외. 『인공지능 원론: 설명가능성을 중심으로』(213-235쪽). 박영사.

곽노필(2024.11.29). 세계 로봇 밀도 7년새 2배 '껑충'…한국, 변함없는 1위. ≪한겨레≫, https://www.hani.co.kr/arti/science/technology/1168844.html

백욱인(2023). 『인공지능 시대 인간의 조건』. 휴머니스트.

안병훈·김영배(2020). 프롤로그. 소이경제사회연구소 AI연구회(편), 『AI와 사회 변화: 지금 우리는 무엇을 준비해야 하는가』(6-56쪽). MID.

Coeckelbergh, M.(2022). *The political philosophy of AI.* Polity Press. 배현석 옮김(2023). 『인공지능은 왜 정치적일 수밖에 없는가』. 생각이음.

Crouch, C.(2004). *Post-democracy.* Polity Press. 이한 옮김(2008). 『포스트민주주의』. 미지북스.

Ferrando, F.(2019). *Philosophical posthuman.* Bloomsbury. 이지선 옮김(2021). 『철학적 포스트휴머니즘』. 아카넷.

Harari, Y. N.(2015). *Homo deus: A brief history tomorrow.* London: Harvill Secker.

Kurzweil, R.(2005). *The singularity is near: When humans transcend biology.* Viking. 김명남 옮김(2007). 『특이점이 온다: 기술이 인간을 초월하는 순간』. 김영사.

Russell, S. & Norvig, P.(2021). *Artificial Intelligence: A modern approach.* 4th Edition. Pearson Education, Inc.. 류광 옮김(2021). 『인공지능: 현대적 접근방식 2』. 제이펍.

Zuboff, S.(2019). *The age of surveillance capitalism: The fight for a human future at the new frontier of power.* London: Profile Books.

정병기

영남대학교 정치외교학과 교수다. 베를린 자유대학교에서 정치학 박사 학위를 받았다. 서울대학교 기초교육원과 교수학습개발센터에서 강의교수(2004~2007) 및 연구교수(2007~2009)를 역임했다. 시인 및 영화평론가로도 활동하고 있다. 주요 저서로 『포퓰리즘』(2021), 『정당체제와 선거연합: 유럽과 한국』(2018), 『표준의 통합 효과와 표준화 거버넌스』(2016) 등 50여 권의 정치학 단행본과 『엔딩 크레디트』(2024) 등 5권의 시집, 『사랑과 예술, 아모르파티』(2023) 등 2권의 영화평론·분석집이 있으며, 130여 편의 논문을 발표했다.